Vom Glück
der
Liebe

ARYCHONON

VOM GLÜCK
DER
LIEBE

BOTSCHAFTEN AUS DEM UNIVERSUM

Channeling-Texte

von

Stephanie Walz

Bibliografische Information der Deutschen Nationalbibliothek:
Die Deutsche Nationalbibliothek verzeichnet diese Publikation
in der Deutschen Nationalbibliografie; detaillierte
bibliografische Daten sind im Internet über http://dnb.dnb.de
abrufbar.

weitere Mitwirkende: Stephanie Walz, Schreibmedium

Herstellung und Verlag: BoD – Books on Demand,
Norderstedt

ISBN: 9783751918572

Inhaltsverzeichnis VOM GLÜCK DER LIEBE

I

April 2020

Damals im Jahre 2016, als *Quelle der Liebe* entstand und 2017 **Vom Glück der Liebe,** habe ich aufgrund einer persönlichen Situation entschieden, mich auf die während Monaten nicht weichende Ahnung ein-zulassen: Nämlich, daß mich etwas Übergeordnetes ansprechen wollte, damit ich für eine breite Öffent-lichkeit Nachrichten übermittle. Nun bin ich bereit, dies zeitgleich mit der Veröffentlichung von *Quelle der Liebe* zu tun.

Woher kommen diese Channeling-Texte?
Diese Frage hat mich lange beschäftigt. *Botschaften aus dem Universum* soll uns Menschen als Antwort dienen. Der Name ARYCHONON ist eine "Eingebung" und dient als Pseudonym.

Ich hoffe, dass Sie *Vom Glück der Liebe* anregen wird, um über die Liebe und das Leben nachzudenken und um vertiefter in sich hinein zu spüren. Die Texte sollen als "mentales Baugerüst" für einen "Um- oder Anbau seines eigenen Liebes- und Lebensmodells" gedacht sein; zur allgemeinen Inspiration und als Möglichkeit, neue Impulse zu erhalten.

Ich bezeichne mich als Schreibmedium (weitere Informationen unter www.arychonon.com) und habe diese Texte genauso empfangen und niedergeschrieben, wie sie hier veröffentlicht sind.

Ich bin überzeugt, daß ich diese sehr differenzierten Texte aus eigenem Wissensstand nicht hätte verfassen können. Und schon gar nicht in dieser Geschwindigkeit, wie ich die einzelnen Kapitel jeweils innert wenigen Minuten "diktiert" erhielt! Mich haben diese Texte sehr berührt und mit Dankbarkeit erfüllt - ich möchte sie Ihnen nicht vorenthalten.

Ich wünsche Ihnen von Herzen viele persönliche Erkenntnisse, die Sie vermehrt in die Selbstliebe und somit zum inneren Frieden führen ...

Stephanie Walz

Schreibmedium
www.arychonon.com

Einleitung

Die Inspiration einer Liebesbeziehung ist unermesslich, wenn sie im Glück der Liebe entstehen kann.

Glück im Sinne von fließender Liebe und Heiterkeit, guten Optionen und verbindlichen Avancen. Dann scheint der Mensch auf Erden sein Glück gefunden zu haben, dann scheint ihn das Leben zu beschenken und der irdische Glaube an das Glück ist besiegelt.

Was aber, wenn man das Glück nicht findet? Wenn es einem nicht findet? Wenn es einem immer wieder verlässt oder man sich mit Pechsträhnen und Liebeskummer konfrontieren muss?

Es kann sein, daß die Menschen sich immer wieder fragen, warum man liebt. Warum man sich elend und unglücklich fühlt, falls man es - das Lieben - nicht erlebt, falls man nicht geliebt wird, oder verlassen und abgewiesen wird. Dann weiß man nur eines: Man ist unglücklich und wenig kann dagegen helfen.

Im *Vom Glück der Liebe* sind Verhaltensformen aufgezeigt, um dies zu verändern oder dies zu erarbeiten; nämlich das Glück in der Liebe zu finden – und es nachhaltig weiter zu entwickeln und auf Dauer immer wieder zu erneuern.

Vom Glück der Liebe ist eine Anleitung und eine Aufmunterung zugleich. Es soll aufzeigen, daß alles miteinander verbunden ist und alles mit einander zusammenhängt. Aber es soll vor allem die Selbstliebe vermitteln und die Grenzen von Anstrengung und Tadel aufzeigen. Es ist lohnend, sich mit sich selbst und dem Mitmenschen auseinanderzusetzen, denn so wird einem das große Glück geschenkt:

> Das Glück findet einem ganz von alleine.
> Es kommt ins Herz geflattert.
> Dort, wo man zu Hause sein soll.
> In jedem Moment seines Erdendaseins.

Vom Glück der Liebe

2. Januar 2017

Die Herkunft unserer aller Seelen ist ein Mysterium für die meisten unserer Zeitgenossen.

Aber im Grunde ist es kein Geheimnis, daß allen Ursprungs der göttlichen Kraft entspringt. Und diese ist wahrhaftig und der Beweis dafür findet sich im alltäglichen Leben, in der Natur und in jedem Ursprung von menschlichem und natürlichem Dasein. Der Sonnenuntergang ist der tägliche Beweis, daß unser System (unser Sonnen-System und die Gezeiten) in göttlicher Kraft stehen. Kein Mensch kann dies bewirken, nicht einmal gänzlich verstehen. Der Mensch ist Untertan von vielem und doch hat er das Ansinnen und den Anspruch, die Welt zu regieren.

Diese Lächerlichkeit wird einem in der Vorstellungskraft bewusst, wenn man bedenkt, wie viele Kriege im Glauben an die Schöpfung angezettelt wurden und immer noch werden. Im Glauben, nur das eine Wissen als absolute Gültigkeit behaupten zu wollen und dafür auch noch in "Gottes Gnaden" zu kommen – mittels Quälens, Morden und Zerstörung!

Lächerlich im Vergleich, wenn man bedenkt, daß der Ursprung allen Seins in der göttlichen Liebe entspringt. Und in diesem Sinne ist es nicht verwunderlich und in keinem Maße zu hinterfragen, woher wir alle stammen: aus der Liebe. Wir sind Wesensgeschöpfe, die ohne Liebe nicht überleben können. Von Geburt bis zum Sterbeprozess begleitet uns das Bedürfnis nach Liebe und das Bestreben, möglichst viel davon zu erhalten. Jedoch auch das Geben beschäftigt den Menschen. Sogar die Tierwelt ist im Fokus des Menschen und bezüglich der Nahrungskette darin beeinflusst und integriert. Der Mensch wechselt oft seinen Liebes-Fokus zum Tier, wenn es langwährend bezüglich seines Daseins hapert. Der Hund oder die Katze, jedes Haustier, jedes Küken, jedes Fröschchen erhält mehr Liebe, als ein Mitmensch, wenn ein einsames Herz verbittert ist, der Ärger über egozentrische, egoistische Wünsche überhandnimmt, weil sie nicht erfüllt wurden. Das sich Abwenden von den Mitmenschen wird oft mit Zuwendung zum Tier kompensiert.

Warum? Weil es um Kommunikationsschwierigkeiten geht. Das Tier ist ein geduldiger Zuhörer und ein gefühlsmässiger Verständiger. Seine Botschaften sind klar und doch nicht. Das Klare ist oft ein Befehl und bedarf einer Handlung und entsprechend mobilisiert es Hunger, Ungeduld, Freude, Angst. Diese Anzeichen sind für jeden verständlich. Angst kennen die Tiere nicht in diesem Sinne, wie es die Menschen erfüllt. Auch damit kann der Mensch besser umgehen. Er fühlt sich dem Tier gegenüber in der Macht und somit am Drücker der Ereignisse. Dies wiederum erfüllt ihn mit Mut (nämlich eine Aufgabe zu meistern und im Griff zu haben) und in indirekter Weise mit Liebe für das Tier. Denn das Tier dankt für alles mit Treue (im Sinne von ich bin da / ich bleibe hier) und dafür sind ihm die Menschen bewusst oder unbewusst dankbar.

Treue hat wechselwirkende Anteile
von Macht.

Dies ist so zu verstehen: Fühlt man sich treu ergeben, steht man gegenüber dem anderen Menschen in einer gewissen Macht bzw. ist ihr ausgesetzt. Erfährt man Treue, fühlt man sich machtvoll.

Es ist erstaunlich, wie sich die Menschen gegenseitig lieben, sobald sie erkennen, daß der Andere einem Respekt oder sogar Unterwürfigkeit entgegenbringt. Es gibt sogar Menschen, die lieben jemanden, gerade weil sie beherrscht und in einer Form unterdrückt werden. Für viele Menschen bedeutet die Unterdrückung eine Form von Führung. Sie empfinden es als eine Art von *auf*-gehalten werden. Im Sinne von Boden und Rahmenbedingungen erhalten und auf diese Weise (vermeintlichen) Schutz zu bekommen.

Die Unterdrückung ist nicht für alle schlussendlich etwas Negatives. Es kann auch eine Form von indirekter Unterstützung bedeuten, weil man sich im Widerstand z.B. besser spürt. Das aufkommende Unbehagen anlässlich einer Unterdrückung zeigt einem auf, was man lieber täte, lieber hätte – so wird man es sich dessen endlich bewusst. Man spürt sich durch den Druck oder die Reibung …

Dies ist eine skizzenhafte Bezeichnung, mit der wir aufzeigen wollen, daß die Liebe ein immenses Spektrum aufweist. Nämlich, daß es fast übermenschlich in seiner Tiefe und Begründung dimensioniert ist, und nicht auf Anhieb ersichtlich ist, warum diese vielen Zusammenhänge bestehen.

Wir wollen im Nachfolgenden aufzeigen, worauf die grundsätzlichen Zusammenhänge basieren:

- o Die Liebe zum Selbst
- o Die Liebe zum Du
- o Die Liebe zum Universum über allem
- o Die Liebe zum Mitmenschen
- o Die Liebe zum Tier
- o Die Liebe zur Hingabe im Sein und Wirken

- Die Liebe im Abgrund
- Die Liebe im Höhenflug und in der Fantasie
- Die Liebe in sexueller und erotischer Kraft
- Die Liebe im Gegensatz zu Hass
- Die Gleichgültigkeit und die Lieblosigkeit
- Die Verschwendung von Liebesenergie
- Die Zugehörigkeit
- Die Verbindlichkeit und das Freiheitsbedürfnis – ein Spiel von Gegensätzlichkeit
- Die Harmoniebedürftigkeit zweier Liebenden
- Die Streitbarkeit zweier Liebenden
- Die Verbindlichkeit zweier Partner in unterschiedlichen Verhältnissen
- Die Verbindlichkeiten zweier verletzten Seelen
- Die Verbindlichkeiten zweier Familien aus unterschiedlichen Kulturen
- Die Genügsamkeit als Tugend
- Die Scham und die Trauer überwinden zugunsten der Liebesfähigkeit
- Die Grenzen einer Liebe
- Die Verbindung zwischen Himmel und Erde im Herzen aller Mitmenschen
- Güte, Freiheit und Seelenheil
- Die Menschheit steigt auf in eine andere Dimension von Glück und Verantwortung

Die Liebe zum Selbst

4. Januar 2017

Die Vereinigung zweier Leiber ist die eine Möglichkeit sich zu lieben. Es gibt auch noch die kommunikative Vereinigung, indem man sich schwört und versichert, wie sehr man sich gegenseitig zugetan ist. Aber es gibt auch die Verinnerlichung, daß man sich für immer und ewig Treue schwört. So handhabt es der Mensch seit Jahrhunderten und auch in den letzten Jahrzehnten war es üblich, daß die körperliche Vereinigung und der Treuschwur ein Maßstab der verbindlichen Liebesbeziehung waren.

Aber wie steht es mit der Verbindlichkeit zu sich selbst? Wie steht es mit dem Treueschwur, sich selbst gegenüber? Wie steht es mit der Liebkosung des eigenen Körpers und der Fürsorge und der Achtsamkeit, sich Sorge zu tragen, sich zu hegen und zu pflegen, sich zu verwöhnen und sich keinen mutwilligen Schaden zuzufügen? Wie steht es mit der Fähigkeit sich selbst zu verzeihen und zu vergeben? Die Sünden und die sündhaften Gedanken? Die gegen sich selbst gerichteten, die die einem schaden? Nicht nur sich selbst, sondern schlussendlich auch denen gegenüber, die einem am nächsten stehen. So gesehen ist die Nächstenliebe abhängig von der Selbstliebe.

Eine Beziehung, die tragfähig und lange dauern soll, die sich entwickeln und auf solidem Fundament stehen soll – die ist auf die Selbstachtung und die Selbstliebe jedes einzelnen Parts angewiesen. Die Selbstachtung ist eine erweiterte Form von Nächstenliebe. Selbst in der Bibel steht es verkappt geschrieben. "Liebe dich selbst wie den anderen" ... so kann man es verstehen. Es steht jedoch anders, weil es eben eine verkappte Botschaft ist. In der Bibel steht: "Liebe deinen Nächsten wie dich selbst."

In der Bibel steht es sogar! Man stelle sich das vor: Das Ego wird vorangeschoben und als Maßstab gesetzt. Für einmal soll es eine Tugend sein. Der Mensch ist dafür geschaffen, sich mit seinem Ego auseinander zu setzen. Es ist heuchlerisch und verleumderisch, wer das bestreitet. Man wird krank, wenn man sein Ego vernachlässigt. Aber man schadet sich und seinen Mitmenschen, wenn man das Ego zu sehr aufbläht. In diesem Sinne ist es ratsam, den Mittelweg zu finden.

Einerseits ist die Suche zur Mitte eine Fürsorge für sich selbst. Eine Fürsorge für das Du, für den Partner und die Partnerin, gilt es andererseits zu pflegen. Die Freundschaften und die Familienbande sind ebenfalls auf diese Weise pflegend aufzubauen und weiterzuentwickeln.

Die Selbstliebe ist ein Maßstab für alle Freundschaften. Hat man zu wenig Respekt vor sich selbst, muss man sich nicht wundern, wenn man einen Partner / eine Partnerin ins Leben holt, die einem entsprechend unterdrücken, belügen oder übergehen. Es ist der Andere, der mit einem so umspringt, aber dies geschieht, weil man sich selbst nicht anders behandeln würde – deshalb lässt man dieses Verhalten beim Gegenüber durch.

Wäre es absolut verinnerlicht, daß man sich selbst respektiert, wäre der Maßstab gänzlich anders gesetzt:

Du sprichst mit mir auf diese Art und Weise?
Wie kommt das?
Ich spreche mit Dir nicht so.
Ich mag es nicht!
Ich habe es anders verdient und
will es anders haben!

Die Überzeugungskraft ist ein Resultat von Selbstliebe. Beispiel: Man beschützt sein Kleinkind. Es ist selbstverständlich, daß man für das kleine Geschöpf eintritt und es beschützt. Es ist *selbst*-verständlich, daß man (zumindest) versucht, sich vorbildlich zu verhalten und man erwartet auch von anderen, daß man sich in Gegenwart von Kindern grundsätzlich anständig und rücksichtsvoll verhält.

Weshalb verhalten sich erwachsene Menschen untereinander nicht in aller Selbstverständlichkeit respekt-
voll? Es gibt keinen Anlass, sich mit im Verlauf der
Jahrzehnte anders zu verhalten! Der Beweis liefert die
Vorstellung, man beschützt sein "imaginäres, inneres
Kind". Dies sollte einem ein Gradmesser sein, wie man
sich behandelt fühlen möchte.

So gilt es in allgemeinen Beziehungen und in Liebesbeziehungen im Besonderen zu betrachten:

Trete *selbst*-bewusst ins Leben!
Gehe in Liebe und mit gefülltem Herzen
auf die Anderen zu.
Gehe mit *Selbst*-Vertrauen auf den Menschen zu, der
dich anzieht und der in dir Liebesgefühle entwickelt.
Gehe davon aus, daß er das Gleiche anstrebt.
Er geht ebenso mit seinem inneren Kind, das er liebt
und beschützt – auf dich zu und will es in Harmonie
und Freude mit dir bekannt machen.

Dieses kreierte Bild erzeugt eine naive Vorstellung
und ist nicht 1:1 umsetzbar. Aber es soll eine Idee
davon geben, um was es im Ansatz bezüglich *Selbst*-
Schutzes geht. Es geht nämlich um das Thema Für-
sich-Einstehen und um die Verteidigung seiner
eigenen Bedürfnisse und um seine eigene Liebes-
bedürftigkeit. Es ist *selbst-* verständlich, daß man seine

Gefühle vor Angriffen und Respektlosigkeit beschützen soll!

Dafür benötigt man eine wichtige Voraussetzung:

> Man muss sich genügend lieben,
> um für sich einzustehen.

Es beginnt damit, daß man sich mit der Vergangenheit versöhnt. Man vergibt sich – aus Liebe zu sich selbst. Das Herz wird immer befreiter und die Kraft steigt an. Und mit diesen verbesserten innerlichen Werten kann man auch vermehrt auf andere zugeh-en. Die Liebe wirkt wie ein Magnet.

> Liebe zu sich selbst zieht
> liebevolle Menschen an.

"Gehet hin und vermehret Euch!" – steht in der Bibel. Es geht jedoch nicht um eine religiöse Handlung. Es geht vielmehr um ein Naturgesetz:

Die Liebe ist eine Naturkraft. Demzufolge entspricht die Liebe einem ein göttlichen Gesetz - weil die Natur göttlich ist.

> Wir sind natürliche, göttliche Wesen.

Diese Regel gilt es zu verinnerlichen.

Der Pakt mit dem sogenannten "Teufel" basiert auf der Kraft von negativem Denken. Deshalb denke positiv über dich und über das, was dir das Leben bis jetzt zur Verfügung gestellt hat. Und vergesse alle Benachteiligung in der Vergangenheit und verzeihe deinen Freunden, Familienmitgliedern und anderen Mitmenschen, falls sie dir geschadet haben.

Dir zu liebe! Verzeihe - und du wirst nicht mehr aus Frustration, Rache, Wut und Vergeltung ein verhärtetes Herzen in dir tragen.

Ein erweichtes Herz ist liebesfähiger –
auch dir selbst gegenüber.

Der Anfang kann nur bei einem selbst gemacht werden. Du wirst nicht jemand anderen mehr lieben können als dich, wenn du diese Zusammenhänge verstehst. Vielmehr wirst du in mehr Abhängigkeiten kommen, wenn du den anderen mehr liebst als dich. Der Irrtum besteht darin, daß du dies mit dem Gefühl von tiefer Liebe verwechselst.

Im Gegenteil! Tiefe Liebe entspricht einem Gefühl von Freiheit. Der Test basiert darauf, daß du dich nicht minder fühlst als der Partner/ die Partnerin.

Verehrung und Wertschätzung ist schon auch angebracht. Dies jedoch immer bezüglich einer Sache und/oder einer Situation. Aber für die Wertschätzung seiner Seele gibt es nur Ebenbürtigkeit. Deine Seele ist genauso wertvoll wie seine/ihre. Ob dein Körper weniger schön ist und ob du weniger Geld auf dem Bankkonto hast und keinen Besitz oder weniger als die andere Person – das ist eine weltliche Sache, die viele ins Leid führt, weil diese Gesetzmässigkeit nicht erkannt wird.

Es sind nicht Besitztümer oder weltliche Vorteile, die das Liebesgefühl nachhaltig erzeugen. Vielmehr ist die Schwingung der Seelen die beste Basis, um sich in Liebe zu vereinen.

> Betrachte dich im Licht der Liebe und
> du wirst erkennen, wer mit dir in
> bestmöglichem Gleichklang schwingt.
> Die Liebe ist schlussendlich die
> Vereinigung von Seelenschwingung.

Im Einklang mit sich selbst und ebenso im Einklang mit dem Partner; das ist die höchst entwickelte Form von Liebe. Die Vereinigung beider Körper bedeutet die "vermeintliche Krönung". Aber jeder, der sich mit Sexualität auseinandergesetzt hat weiss, daß es einer anderen Dimension entspringt, wenn man die körperliche Vereinigung bewusst in Kombination, nämlich als Vereinigung zweier Seelenschwingungen, erleben darf.

Dies sollte anspornen, zuerst mit der Liebesfähigkeit zu sich selbst zu beginnen, bevor man sich nach dem ultimativen Liebespartner sehnt. Die *Ent*-Täuschung wird gross und anreihend sein, wenn man sich selbst jahrelang übergeht und versucht, psychologischen Konfrontationen aus dem Weg zu gehen und von der eigenen Seelenarbeit abzulenken.

Die Heilung aller Verletzungen des inneren Kindes ist nicht zu unterschätzen. Es geht darum, daß man sich selbst bewusst ist - und auch seinen Eltern gegenüber gewahr ist - daß einem die Liebe bis ins hohe Alter abverlangt wird. Ob man seine Eltern noch liebt oder nicht. Es ist ein Naturgesetz, daß Kinder ihre Eltern lieben wollen. Es liegt nicht in der Natur, daß man seine Eltern verachtet oder fürchtet und es liegt nicht in der Natur, daß Eltern ihre Kinder vernachlässigen, demütigen, verbannen, u.ä. ...

Die Liebe zu sich selbst würde dies verhindern, wie vorangehend erklärt: "Behandle deinen Nächsten, wie dich selbst."

Selbst-Zerstörung hat keinen Platz in einer fürsorglichen Beziehung und bringt keine fruchtbaren Verbindungen. Somit ist gesagt:

Gehet in Frieden und **verlässt nie euer eigenes, inneres Kind**!

Die Liebe zum Du

8. Januar 2017

Die Dualität ist ein Konstrukt, dessen sich die Menschheit zu bedienen weiss. Es geht darum, daß die Gegensätzlichkeit in einen Gleichschritt gelangt. Es sind die Gesetze der Polarität und Misstöne, die sich in einer komplizierten und überdimensionierten Einheit vereinen. Das klingt sehr abstrakt. Es gilt es vereinzelt zu betrachten und dann als Gefüge zusammenzuführen:

Die Versinnbildlichung von Polarität ist so zu verstehen, daß sich die Menschen wie die Gezeiten von Ebbe und Flut miteinander vereinen. Sie treffen aufeinander und sie weichen wieder auseinander. Dies ist im Alltag so wie auch in Gedanken und ebenso in der gefühlsmässigen Verhaltensweise.

Man kommt und geht, man liebt sich. Mal heftig und wieder weniger. Dieser Gleichklang ist eigentlich ein Hin- und Herschwingen zwischen Gefühlen und Gedanken, zwischen Haltungen und Meinungen. Es ist jedoch über allem ein Grundbedürfnis vorhanden: Liebe. Nur die Bereitschaft sich zu lieben, ist nicht im Gleichklang. Aber die Liebe liegt über allem, wie ein Dach. Das Bedürfnis ist schwankend und auch die

Haltung dazu. Die Liebe als solches ist jedoch immer als Element vorhanden.

Das ist das Geheimnis, das nicht alle Menschen entdeckt haben: Die Liebe verhält sich wie eine Naturgewalt. Sie ist wie Luft und Wasser ein Grundelement des irdischen Daseins. Obwohl Wasser verdunstet, Luft verdrängt werden und entweichen kann, ist es dem Menschen nicht möglich, ohne diese beiden Elemente zu überleben. Bezüglich der Liebe steht es genauso: die Liebe ist überlebenswichtig.

Ein Baby ohne jegliche Liebe würde kläglich eingehen. Selbst wenn es diesen Mangel überleben würde, wäre es seelisch verkümmert und würde als erwachsener Mensch nicht viel taugen: jedenfalls nicht bezüglich Sozialkompetenzen. Sämtliche seiner Leistungen würden stockend und an Qualität vermindert ausfallen.

Die Liebe ist ein menschliches Bedürfnis und es ist eine existenzielle Voraussetzung um seelisch, geistig und körperlich und heranzuwachsen.

Der Schmerz, der seelisch und in einer vertieften Reaktion auch in einer körperlichen Reaktion, empfunden wird, kann als Liebesentzug eine heftige Wirkung auslösen. Der Schmerz in Körper und Geist entspringt dem Liebeskummer oder Liebesentzug. Man "dürstet". Man "ringt nach Luft". Man "lechzt nach Liebe". Diese drei Elemente sind nicht zu trennen seit Menschengedenken.

Die Lieblosigkeit ist somit ein Zustand von Mangel und kann eine Seele auszehren und in körperliche Bedürftigkeit führen: Die seelische Not ist auf Liebesentzug begründet und die leidende Seele zehrt an der Körperkraft. Die Liebe jedoch heilt seelische Wunden und unterstützt somit alle Organe, weil der Geist und die Seele im Einklang sind.

Das Du (eine andere Person) ist so betrachtet eine lebensnotwenige Gesetzgebung eines jeden Menschen. Das Du, der andere Mensch, ist somit ein Lebenselixier wie Wasser und Luft. Das Du ist zugleich Lehrer, Nahrung, Bruder und Schwester und ist die Energiequelle für Taten und für Lehren. Das Du ist der Maßstab von Respekt und das Du ist Schranke für die Wut und für die Maßlosigkeit.

Ohne das Du wäre das Ich verloren in seiner Weite und in seiner Tiefe. Ein Zustand, ohne sich in einer Weise orientieren zu können. Das Du ist ein Wegweiser, das Du ist ein Spiegel, das Du ist Mutter, Vater und Gott. Das Du ist der Teufel, das Verderben. Es ist alles. Alles in allem ist es das Leben. Ohne das Du ist das Leben nicht vollendet und nicht möglich. Es braucht das Du, wie es Sonne, Mond, Wasser, Luft und Erde als existenzielle Grundlage geben muss, um das Erdendasein zu manifestieren.

> Das Du ist die Manifestation für
> die Entwicklung eines Ichs.
> Das Ich und das Du sind schlussendlich
> eine Einheit.

Die Einsamkeit ist ein unnatürlicher Zustand, der als lehrreiche Lektion dienen sollte, um das Du vermehrt zu schätzen und zu ehren, ebenso die Gemeinschaft in diesem Sinne. Die Einsamkeit soll den Menschen lehren, sich aus der egoistischen Haltung zu lösen und in eine gemeinnützliche Tätigkeit und in eine fürsorglichere Verhaltensweise zu begeben. Die Einsamkeit ist die Lehre, sich sinnbringender und fürsorglicher mit anderen Personen zu beschäftigen, als sich im Ego - also im Ich - zu verlieren.

Das Ich ist ohne das Du eine Liebe, die auf Mangel basiert. Die Selbstliebe ist nicht mit Egoismus und mit Egozentrik zu vergleichen. Die Liebe zu sich selbst ist immer im Gleichklang mit dem Bewusstsein, daß im Aussen ein Du existiert und man sich in diesem Sinne darauf vorbereitet, jederzeit mit dem Du konfrontiert zu sein. Das Du und das Ich sind wie zwei Polaritäten, die schwingend den Einklang der Welt ausmachen. Oben wie unten. Innen wie aussen.

Gehet **im Einklang mit beiden Polaritäten.** Gehet **im Bewusstsein durch den Tag,** daß das **Ich und das Du eine Lebensgemeinschaft bilden.** So wie oben und unten zusammengehören, bilden das Ich und das Du eine Liebeseinheit, die die Welt als Basis im Einklang hält.

> Die Liebe besteht nicht aus einzelnen
> Ichs, sondern basiert auf der Balance
> zwischen dem Ich und Du.

Diese Regel von Gleichgewicht gilt als Grundlage für die Gesellschaft, der Menschheit als Ganzes!

Die Liebe zum Universum über allem

14. Januar 2017

Aus der höheren Sicht auf das Ganze erhält das Weltbild eine andere Dimension.

Das "göttliche Universum" ist ein abstrakter Begriff für die meisten Menschen. Es bedeutet nur Vereinzelten etwas wie, "das Göttliche", "der liebe Gott", "der Herrgott", "der Herr" ... Die meisten Menschen glauben an andere Einheiten oder haben andere Glaubenssätze. Wie z.B. der Glaube an das Nichts ebenfalls ein Glaube manifestieren kann. Der Glaube an sich selbst, der Glaube an seine eigenen Taten und an offensichtliche Fakten; das ist der meist verbreitete Glaubensansatz. Das hat seine Berechtigung - nur reicht es nicht gänzlich aus, um als Mensch Halt und Frieden finden zu können.

Der Glaubensansatz für die Seele ist wiederum an einem anderen Ort angegliedert. Der *Aber*-Glaube ist nicht zu verwechseln mit dem tiefen Verständnis für die Vereinigung von Seele und dem göttlichen Licht. Denn die göttliche Kraft aus dem göttlichen Universum ist nicht mit Aberglauben und Hexen-Kult zu verwechseln. Diese haben auch ihre Berechtigung. Magie ist seit Menschengedenken eine Kraft auf Erden und in der Unterwelt zu finden. Wir sprechen von göttlichen Gesetzen aus dem göttlichen Universum und das hat in keiner Hinsicht mit Magie zu tun. Ob weiße Magie oder schwarze Magie ist unwichtig. Die göttliche Kraft ist wie die Hemisphäre über der Weltkugel. Es ist das Dach unserer Welt. *ES*, die göttliche Kraft, deren Ursprung in der Galaxie zu finden versucht wurde – stammt nicht von dort. Sie gehört zum Planeten Erde, wie die Meere und die Berge und Schluchten, die Wüsten und die Seen. Die göttliche Kraft ist der Ursprung allen Seins. Und es hat nichts mit Märchen und Religiosität zu tun, auch wenn sämtliche Religionsbücher dieser Welt Bestandteil des Göttlichen bedeuten. Sie alle sind von Menschenhand erschaffen und ein Werkzeug von Herrschern und machtvollen Institutionen. Die göttliche Kraft, von der wir hier schreiben, ist eine unsichtbare Macht und entspricht einem Naturgesetz. Die göttliche Kraft bildet wie die Magnetfelder und die Erdachse des Planeten Erde eine Einheit. Sie regelt, sie leitet und grenzt ab.

Die göttliche Kraft ist Teil von uns –
ob wir sie anerkennen oder nicht.

In folgendem Zusammenhang muss es betrachtet werden: Wir leben in einem immensen Kraftfeld, das von Glauben und Unglaube, von Wissen und Unkenntnis polarisierend oder einheitlich, stockend oder harmonisch fließend gelebt und erhalten wird.

Unser Weltsystem beruht auf diesen Polaritäten. Der Mensch lernte während Jahrtausenden von Generation zu Generationen damit umzugehen. Die Weltkulturen werden sich verändern und sie alle haben andere Götter und Glaubenssätze – aber die göttliche Kraft ist dennoch ein und dasselbe. Sie hat sich nie verändert. Lediglich die Schwingung hat sich erhöht. Sie, die mit der Verschiebung der Erdachse und des Wandlungsprozesses im ganzen Universum, der aufgrund von Sonneneruptionen, Ausdehnungen und Verschiebungen von Sterngalaxien sowie Entstehung von Schwarzen Löchern einhergeht. Auf dieser Ebene hat sich sehr viel verändert – aber nicht die "göttliche Kraft" als Grundversorgung.

Dies gilt es zu verstehen. Und dann wird auch ersichtlich, daß die Liebe ein Bestandteil vom ganzen Universum ist. Und in diesem Zusammenhang ist verständlich, daß die Liebe mit dem Universum einhergeht. Es ist nicht bloß die Liebe zum Mitmenschen und die Liebe zum Selbst sowie die Liebe zur Mutter Erde zu berücksichtigen und dessen allem gewahr zu sein. Nein, die Liebe zum göttlichen Universum und diese Dankbarkeit, die einem dabei durchströmt, wenn man sich das wirklich vorstellt – diese Liebe ist das tägliche Brot eines bewussten Erdenbürgers. Es manifestiert sich in einer Zufriedenheit und Dankbarkeit, auf diesem Planeten versorgt und dafür bestimmt zu sein. Es manifestiert sich in der Glückseligkeit, alles zu erfahren, was einem begehrt, sobald man sich mit dem göttlichen Universum verbindet und mit seinem Herzen gelinde und behutsam umgeht.

Die Liebe zum Mitmenschen und die Liebe zu Mutter Natur verkörpert das irdische Dasein. Die Liebe zum göttlichen Universum als Ergänzung krönt ein Bewusstsein und stärkt die Seelenverbindung.

Anders gesagt: Jeder, der sich gewahr ist, daß er die Liebe zum göttlichen Universum anerkennt und empfängt, wird ein bewusstes und friedvolles Leben führen. Es ist lebensverändernd, wenn er sich diesem obersten Element bedient.

> Wasser, Luft, Erde, Feuer und
> göttliche Liebe aus dem Universum:
> Pure Lebenskraft.

Gehet in Frieden und **verbindet euch mit der *All*-Macht des Seins.**

Die Liebe zum Mitmenschen

19. Januar 2017

Zusammenfassend kann gesagt werden, daß die All-Liebe sich immer wieder im Menschsein manifestiert. Die Gültigkeit von Regeln in der Gesellschaft und in der Funktion eines jeden Einzelnen im gesellschaftlichen Gefüge ist nicht zu verwechseln mit den spirituellen Regeln und Gesetzen. Die Darbietung von Gesetz und die Umsetzung als solches ist nicht erst seit Jahrhunderten ein Seilziehen zwischen Machthabern, Kirche und der Bevölkerung. Nein, sie ist seit Menschengedenken ein Zankapfel. Die Meinungen über Gesetz und Ordnung sind seit jeher ein Thema. Aber die Liebe zum Mitmenschen ist der Maßstab. So sollte es jedenfalls gemäss den spirituellen Gesetzen sein. Denn die Liebe zum Selbst und die Liebe zum Du wiederspeigelt sich über- und auch untergeordnet der Liebe zum Mitmenschen.

Was bedeutet der Unterscheid zwischen der Liebe zum Du und der Liebe zum Mitmenschen?

Der Mitmensch lebt im unmittelbaren Umfeld und ist ein Teil von seinem gesellschaftlichen Leben, z.B an der Arbeit, im freundschaftlichen Umfeld oder auch in der anonymen Gesellschaft, die einem tagtäglich konfrontiert. Die Liebe zum Du betrifft einen Bereich, der direkte Bezugspersonen anbelangt. Personen, die mit einem täglich und in einem sehr persönlichen Kontakt stehen.

Die Liebe zum Mitmenschen ist in diesem Sinne mit der Nächsten-Liebe verankert. Im Sinne von: Mit der Allgemeinheit, in der dritten Person. Untergeordnet ist sie eine Orientierung, wie man sich benimmt und wie man sich in der sozialen Stellung eingliedert. Sei dies in anonymer Haltung oder in direkter, offener Positionierung. Die übergeordnete Bedeutung weist daraufhin, daß man sich als humanitäre Institution in der Maße engagiert.

Die Maße wird berücksichtig, sobald die Gesellschaft einem Wandel unterzogen ist. Sobald es gilt, revolutionäre Umstände umzusetzen und der Mitmensch (in der Maße) in Schwierigkeiten oder in bedrohliche, lebensfeindliche Situationen gelangt.

> Die Menschlichkeit ist der Maßstab
> für die Liebe zum Mitmenschen.

So gesehen gilt es zusammenfassend zu erklären, daß die Selbstliebe und die Liebe zum Du auf einer Linie stehen. Dies in Wechselwirkung und von derselben Qualität.

Die Liebe zum Mitmenschen ist eine viel globalere und allumfassender Liebe. Das heisst nicht, daß sie nicht stark wirkt oder gar verwässert wird. Nein, sie ist derart stark, so daß sie nicht auf einzelne Personen gerichtet wird. Vielmehr ist es so: Die Liebe im und zum Kollektiv bewegt die Maße.

Die Liebe zum Mitmenschen hält eine Gesellschaft schlussendlich durch Solidarität und durch Ethik zusammen. Sie verleiht und manifestiert die kulturellen Werte als auch die Regeln für Gesetz, Recht und Ordnung.

> Die All-Liebe steht mit der Liebe zum
> Mitmenschen in direkter Verbindung.

Gehet in Frieden und **verbindet eure Liebe mit der breiten Maße**. Übt euch in Nächstenliebe und in der Liebe zum Selbst und alsdann wird die Liebe zum Du in ihrer Wirkung verfeinert - und in ihrer Intensität verstärkt.

> Die Liebe zum Mitmenschen erhöht
> den Bewusstseinsgrad für
> das ganze Universum.

Diese ist nicht zu unterschätzen, sondern als gültige spirituelle Regel zu akzeptieren und somit im Fluss der Gesetzmässigkeit zu stehen. Wird diese Regel durch die Erdenbürger praktiziert und somit kumuliert, entsteht eine weltweite Dynamik und ein Land kann sich politisch und humanitär verbessern.

Die Liebe zum Mitmenschen ist
schlussendlich ein kulturpolitisches Gut.

Die Liebe zum Tier

30. Januar 2017

Die Menschenwesen fühlen sich zuoberst in der Welt-Hierarchie. Die Tiere sind ihnen Untertan und dabei erkennen die Menschen nicht einmal, wie sehr dies umgekehrt der Fall ist:

Die Seelen verschmelzen auf einer Ebene zu einem gebündelten Strahl von göttlicher Energie. Die Tiere vereinnahmen diese Energie und transformieren sie zu einer anderen Form der Liebe. Die Liebe, die sie den Menschen zuteil lassen, ist in Wechselwirkung entstanden. Selbst die Tiere, die mit den Menschen in direktem oder indirektem Kontakt stehen, tragen einen mannigfaltigen und erheblichen Anteil am Weltgeschehen und an dessen Basis bei. Die Tiere ernähren unseren Planeten. Die Tiere, mit ihrer abertausenden von vielfältigen Lebewesen, erhalten das Ökosystem. Kein Tier ist unnütz. Nur weil der Mensch den Nutzen nicht erkennen kann, heisst das nicht, daß ein Insekt, ein Fisch oder ein Säugetier keine Funktion in diesem Weltsystem einnimmt.

Das Gleichgewicht kommt immer mehr aus den Fugen, weil die Menschen eingreifen und die Tierarten zum Teil ausrotten oder sehr reduzieren. Das dezimierte

Tierreich ist der Forschung längst aus dem Überblick entgleitet und die Augenwischereien grenzen an Beschönigung vom Gröbsten. Die Tierwelt ist am Aussterben, der Mensch nimmt das Gleichgewicht auf seine Seite und wird selbst eines Tages von Krankheiten und Seuchen sehr belastet, weil die Folgen von diesem Raubbau auf ihn übergreifen. Die Bakterien und Immunzellen der Tierwelt haben längst keine Balance mehr in ihren eigenen Reihen. Der Mensch hat durch die Umweltschädigung und durch die Spuren von medizinischen Bestandteilen in der Nahrung – um industriellen Grossprojekten zuzuarbeiten - einen unbegreiflich grossen Schaden angerichtet.

Die kausale Liebe zum Tier ist verschwunden. Es ist der Respekt, der fehlt und ebenso die Einsicht, daß die Tiere zum Planten gehören, wie ein Baum oder ein See. Die Menschen verdrängen ihren eigenen Partner, und es wird sie eines Tages zur bösen Ein-sicht treiben, daß es "fünf Minuten vor Mitternacht" steht und die Tierwelt sehr und radikal geschont und wieder aufgezüchtet werden muss, um die letzte Möglichkeit von Balance wiederzuerlangen.

Es geht nicht mehr ausschliesslich um die Aufzeichnung von Zerstörung und drohender Katastrophe. Es geht hier um die Aufzeichnung von Kontrastmöglichkeiten. Die Liebe zum Tier ist eine Möglichkeit, sich selbst zu reflektieren und sich selbst in der Liebe wahrzunehmen. Es gibt für den Menschen nicht bloss das Haustier, wie der treue Hund und die anschmiegsame Katze. Das Tierreich besteht auch nicht nur aus edlen Pferden und exotischen Reptilien, die man stolz präsentieren kann.

Die Menschheit soll wieder lernen, nach den Gesetzen der Tierwelt zu spüren und zu leben. Es geht darum, daß der Mensch sich das Tier wieder als Vorbild für uralte Verhaltensweisen zu eigen macht. Es geht darum, daß die Liebe und die Rudelfunktionen diverser Tiere im Menschendasein ein sehr berechtigtes Vorbild darstellen.

Als Beispiel: Der Mensch quält willkürlich – das Tier tötet, um zu überleben, oder um die Starken von den Schwachen zu trennen, damit die Sippe überlebt. Es geht in der Tierwelt um das Überleben und um den Fortbestand.

Der Mensch orientiert sich an Genuss, am Spass und an Macht und Bereicherung.

Das Verhalten der Tiere bezüglich Maß sollte für den Mensch eine Vorbildfunktion bedeuten:

Horte nur, was du vertilgen kannst.

Horte nur, was du transportieren kannst.
Horte, wenn dein Standort sicher ist und
du nicht selbst zu Schaden kommst.

Die Fresserei auf der menschlichen Seite, auf diesem Planeten, wird sehr viel Leid im gesundheitlichen Bereich dieser Gesellschaft anrichten. Das Fressbedürfnis eines Tieres wird instinktiv gesteuert, aber ebenso die Akzeptanz für die Fastenperioden.

Das Fressverhalten eines Tieres
ist im Einklang,
wie die Ebbe und die Flut.
Der Mensch strebt nur die Flut an.
Er hat den Einklang verlernt.

Die Liebe zum Tier könnte dem Menschen wieder einen Rhythmus lehren. Er könnte sich wieder vermehrt auf sich selbst besinnen und er könnte im Gleichzug lernen, der Natur und dem Planeten nützlich zu sein, anstatt ihm zu schaden.

Der Mensch sollte in der Eigenliebe verharren, damit er die Liebe zum Tier spüren kann. Die Liebe zum Tier wird ihm Frieden bringen und die Hoffnung, daß die nächste Generation dies ebenso erleben darf.

Die nächste Generation wird die Tierwelt retten wollen. Sie erkennt, daß die Zeiger auf Verlustbestand zeigen. Und es ist die Liebe zum Tier, die ihre Herzen erweichen lässt, damit die Natur vom Profitverhalten der Gesellschaft und kriegerischen Aktivitäten – zu Gunsten und aufgrund von Konsum und Macht – nicht weiterhin schwer geschädigt wird.

Die Liebe zum Tier lässt die Gesellschaft
daran erinnern, daß wir Menschen
Kinder in die Welt setzen.
Zart und beschützenswert, wie es
Tiere mehrheitlich sind.

Tiere stehen zwischen Erwachsenenwelt
und Kindheit.
Tiere sind die Liebesboten zwischen
Natur und Generationen.

Tiere verdienen mehr Respekt
und mehr Schutz. Der Liebe willen,
die allen zu Teil wird.

Geht in Frieden und **erkennt diese Kettenreaktion**. Diese Verbindung ist ein spirituelles Gesetz und bedeutet: Mathematik auf Erden.

Diese Rechnung geht nicht auf, wenn
die Gesellschaft weiterhin in diesem
Maße produziert und konsumiert.

Die Liebe zur Hingabe im Sein und Wirken

11. Februar 2017

Die vermeintlichsten Stärken eines jeden Menschen basieren darin, daß er in seiner inneren Kraft handelt. Falls er sich dessen nicht bewusst ist, ist er nicht gänzlich in seiner Energie und er kann sich nicht aus voller Kraft konzentrieren. Falls er sich nicht konzentrieren kann, wird er andererseits geführt durch den "inneren Coach", den jeden Menschen begleitet, ob er dies bewusst wahrnimmt oder nicht. Der Mensch ist mit inneren Kräften versehen, damit er sich in einem ständigen Schutz begleitet und geführt fühlen kann. Die Menschen mit besonders hoher Intuition rufen diesen inneren Coach bewusst und konzentrieren sich darauf, so daß sie (die verstandesmässige Führung) abgeben bzw. sie (die verstandesmässige Führung) übergeben. Immer dann, wenn sie mittels Geistes und Verstand nicht weiterwissen, nehmen sie ihre eigenen Gedanken zurück und lassen sich bewusst führen. Das ist Intuition, das ist spirituelle Führung. Ob es Glaube ist, ob es Jesus ist, ob es Hindu, Shiva, oder Götter sind, die einem führen, das sei dahingestellt. Schlussendlich ist alles aus der göttlichen Kraft gespeist. Es kommt aus dem göttlichen Universum und ist für die Stärkung jedes einzelnen Menschen gedacht. Selbst

Tiere haben ihren Schutz zur Orientierung; man nennt es auf Erden schlicht: Instinkt.

Jedes Lebewesen ist göttlich. Es hat den "göttlichen Funken" in sich getragen, dies zu seinem Schutz. Die Verbindung durch den göttlichen Funken ist die Verbindung zum allgegenwärtigen Göttlichen. Das IST Schöpfung. Alles was der göttlichen Schöpfung entspringt, ist verbunden und somit im Schutz.

Schutz heisst somit Verbundenheit
mit dem göttlichen Universum.

Keine Gefahr wird den Menschen besiegen, wenn er im Schutz der göttlichen Energie steht. Das sind die Wundergeschichten, die man sich berichtet und wofür man keine Erklärung hat. Es bleibt ein Mysterium, wann ein Mensch die absolute Schutzform in Sekundenschnelle erhält und warum andere elendiglich leiden, darben und sterben müssen und keine Hilfe bekommen.

Das Universum behält sich vieles als Mysterium für den Menschen verborgen. Der Mensch kann sich vieles nicht vorstellen, was in der Gesetzgebung der universellen Gesetze entsprungen ist. Eines davon ist die Hingabe zur Bereitschaft als solches und spezifischer die Hingabe zum Dienst an die Menschheit, zur

Hingabe zu Dienstleistungen und Dienstbefehlen erfüllend. Die Sparte ist breit und die Dimensionen gross. Die Hingabe ist eine Form von Unterordnung, von Willenlosigkeit - jedoch mit einer Sinnhaftigkeit verbunden. Sie ist ebenso eine Form der Sexualität und sie ist eine Form der liebevollen Unterstützung. Diese Hingabe, von der jetzt gesprochen ist, ist die Hingabe zum göttlichen Befehl; zur göttlichen Führung, auf die gehört wird. Es ist nicht als ein Befehl im weltlichen Sinne zu verstehen. Es ist eher mit Intuition zu vergleichen: Man erhält einen Impuls und gibt sich diesem hin. Man erhält eine Idee und eine Chance, ganz irdisch und real, mit konkreten Situationen, Worten und Fakten. Wenn man sich darauf einlässt, gibt man sich dem hin. Die Hingabe kann demzufolge einer absolut irdischen, geerdeten Situation gelten.

> Aber wenn man diese Situation in der göttlichen Verbundenheit, in der Führung vom inneren Coach durchläuft und dies bedacht und sehr bewusst ausführt, ist dies eine Kombination von göttlicher Führung und menschlicher Hingabe.

Diese Kombination erzielt die besten Ergebnisse. Diese sind nachhaltig und lebensverändernd. Sie entstehen in einer Win-Win-Konstellation und können in keiner Weise ins Verderben führen. Die Hingabe ergänzend angewendet und gespeist mit göttlicher Energie, bedeutet in der Summe - im Kollektiv - eine weltverändernde Maßnahme.

Das Volk einer jeden Nation sollte sich an der göttlichen Hingabe gezielter orientieren und die Politik würde sich entsprechend verbessern. Das teuflische Handwerk einzelner Machtmenschen würde erkannt und besiegt werden. Im Kollektiv und mit neuen Lösungsansätzen, die auch über die Landesgrenzen hinaus eine Vorbildfunktion hätten. Die rebellischen Töne sind zu vermeiden. Es gilt sich vorbildlich und doch gezielt zu verhalten. Die meisten Menschen begehren zuerst auf und erst danach sehen sie den Schaden, den sie angerichtet haben und wieder in ruhigere Bahnen bringen müssen. Der innere Coach verhindert solch verschwenderische und Energie verzehrenden Situationen. Die Menschen sollen sich besinnen, daß der innere Coach nichts anders als die Hingabe zum Glauben an das Gute bedeuten kann. Das Gute bekämpft das Böse. Aber auch das Böse ist Teil vom Universum. Die Globalisierung hält alles im Gleichgewicht. In diesem Sinne ist es notwendig, daß die Bösewichte als falscher Maßstab, als Motivation für eine Verbesserung der Gesellschaft erkannt wer-den. Sie sind nicht auszurotten, aber sie sind in Grenzen zu halten und nicht noch als Führerfigur anzuerkennen.

Die Führung einer Nation muss in guten und redlichen Händen sein. Mit Menschen an der Spitze, welche die innere Führung mit dem göttlichen Universum beseelt und mit grosser Weitsicht aufnehmen können.

Die Führung einer Nation ist in guten Händen, sobald die Führer nicht nur religiös sind, sondern beseelt mit guter Energie. Der Kirchengang nützt nichts, wenn die Verbindung zum Göttlichen nur über die Ohren und über das Lesen der heiligen Schriften begrenzt und genährt wird.

Das Verständnis für die Energiebahnen, die von der göttlichen Energie gespeist werden, ist ein Muss. Es soll sich jeder Mensch darüber im Klaren sein, daß die Energie, die einem täglich zugeführt wird, erneuert wird und aus dem göttlichen Universum kommt. Es ist wie eine Ladestation. Die Kirchen und die Meditationshäuser können nie und niemals die ganze Welt mit Energie versorgen. Es ist ein Naturgesetz, daß sich jeder Mensch über die göttliche Energie generiert. Es ist ein Gesetz, das funktioniert und es ist im Herzen jedes einzelnen Menschen verankert, so daß man das Gute erkennt, ob man bereit ist, es zu leben oder nicht.

Lebet in Frieden und **erkennt das Gesetz der Hingabe**, damit ihr gestärkt bleibt und die Not aller Menschen lösen könnt, die in eurem Umfeld noch nicht im Gleichgewicht sind.

> Die Welt geht nicht unter – die Hingabe
> der Menschheit ist **noch** im Lot!

Die Liebe vor dem Abgrund

27. Februar 2017

Wir können immer wieder erkennen, daß die Liebe ihre Schattenseiten in unser Herz und unser Gemüt wirft. Sie wird dann nicht mehr beleuchtet, aber sie wirft Konturen. Die Liebe ist wie die Sonne eine Kraft und welterhaltend. Ohne Liebe würden wir ein-gehen, ohne Liebe würden wir in Dunkelheit vegetieren und niemand würde sich um andere kümmern. Die Liebe ist das Lebenselixier aller Menschen. Selbst der Hass ist begründet auf Liebe. Wäre die Liebe nicht mit der Komponente - nämlich mit der Möglichkeit, jemanden zu hassen - bestückt, wäre die Reaktion von Zuneigung gar nicht möglich. Es geht um die Dualität, um die Reflektion von Gegensätzlichkeit.

Die Liebe hat nicht nur die Höhenflüge für den Menschen bereitgestellt, sie kreiert auch die tiefsten Abgründe in einer Seele. Die Abgründe sind dienlich, um die Stärken eines jeden Menschen klar aufzuzeigen. Die Abgründe sind in der entgegengesetzten Richtung und dienen somit als Wegweiser, als Skala, wohin sich der Mensch nicht begeben soll. Es ist die Warnung, das Warnschild, wozu sein persönlicher Charakter sich nicht eignet, um dort hinzugehen. So gehen zum Bespiel Menschen lieber in eine Bar, um jemanden kennen zu lernen und hoffen, sich dort zu verlieben. Andere überlassen es lieber dem Zufall und denken und hoffen, auf der Parkbank entdeckt, gefunden und angesprochen zu werden. Andere sind überzeugt, daß *Gott* sie zu dem Ort, zu der Frau, zu dem Mann führt, - wenn es genau Zeit dafür ist. Die Wahrheit findet sich zwischen allem.

Es geht darum, daß man sich besser kennen lernt und sich allen Situationen bewusst hingibt. Die Abgründe dienen dazu, daß man sich besser kennen lernt. Man kann im wahrsten Sinne des Wortes die Abgründe ausloten: die Grenze, bis wohin die Seelenkraft ausreicht. Die Abgründe dienen auch dem Mitmenschen. Denn jeder ist involviert, wenn ein Mensch leidet. In seinem Umfeld wird jeder davon Kenntnis nehmen müssen – und lernt daraus. Die Abgründe sind eine Lebensschule für manche Beteiligten. Die Abgründe sollen ebenso verhindern, daß man zu sehr Schaden nimmt. Hinter jedem Abgrund liegt nochmals ein Loch, eine Kante, eine Schlucht. Der Begriff "tiefer als tief" gilt durchaus dem seelischen Abgrund. Denn erst nach dem Abgrund kommt der Absturz in die Hoffnungslosigkeit. Die Hoffnungslosigkeit ist das Ende eines Seelenheils. Der Abgrund ist immer noch im Bereich des Möglichen, sich wieder zu fangen oder gerettet zu werden, weil man Hilfe angefordert hat, Hilfe bekommen hat, Hilfe gerufen hat und sich hieven liess, d.h. es zulässt, sich rausholen zu lassen. Und sei es, weil man selbst eine "Leiter" oder ein "Seil" (im übertragenen Sinne) gefunden hat, um dort wieder raus zu kommen.

Die Hoffnungslosigkeit, die man selbst anerkennt und sich total aufgibt – das ist nicht der Abgrund. Das ist der Absturz. Das ist der seelische Selbstmord für das momentane Erdendasein. Der körperliche Zerfall folgt, danach der Tod und die "Chance", wieder in einer anderen Reinkarnation die ähnlichen Aufgaben zu bewerkstelligen und sie zu durchlaufen.

> Der Abgrund ist immer eine Warnung
> vor dem Absturz.

Dies sei liebevoll als Erinnerung vermerkt, denn es soll die Hoffnung nicht ausser Acht gelassen werden. In jedem Abgrund besteht die Chance, herausgeholt zu werden. Die Chance, neue Situationen damit zu kreieren, neue Menschen kennen zu lernen, die einem auf einen anderen Weg führen und dadurch ans richtige Ziel gelangen. Es besteht die Chance, mehr über sich selbst – in der Zeit während des Ausharrens im Abgrund – kennen zu erlenen. Mit diesen neuen Ressourcen wird man gestärkt in eine neue Situation geführt und kann daran beruflich wie privat Erfolg erlangen.

Der Abgrund kann wie eine Kur sein, eine Diät, eine mentale wie auch körperliche Zwangspause, die wie ein *Reset* abläuft und dadurch nach dem Neustart neue Kräfte freisetzt.

Es geht darum zu erkennen, daß der Abgrund nicht das Ende ist.

Es kann durchaus ein Neubeginn bedeuten - innerlich wie auch im Aussen. Die Mitmenschen haben mehrheitlich Respekt vor Menschen, die aus einer dunklen Zeit wieder voller Elan und mit Zukunftsplänen, Visionen und positiver Ausstrahlung im Alltag erscheinen. Sie können von diesem Menschen für sich selbst etwas lernen und verhalten sich ihm gegenüber mit Wohlwollen. Dies ergibt eine Kettenreaktion und erhöht die Energie, die Schwingung in einer Gruppe am Arbeitsplatz oder im Freundeskreis.

Der Abgrund ist nicht das Ende.
Er bedeutet eine Zwischenstation und kann viel Positives bewirken, sobald diese Situation bewerkstelligt wurde und neue Lösungen, um von dort wieder weg oder heraus zu kommen, gefunden wurden.

ES GIBT IMMER EINEN AUSWEG VON EINEM ABGRUND WEG.

Selbstverständlich gibt es auch Menschen, die den Abgrund früh genug erkennen und erst gar nicht dort hineingeraten. Diese Form der Warnung und der Läuterungsmöglichkeit besteht durchaus und ist die abgeschwächte Form, des vorangehend Erklärten. Diese Form ist jedoch selten. Die Abgründe tun sich einem sehr plötzlich auf und werden selten angekündigt. Der Abgrund ist oft die letzte Möglichkeit, bevor man in Betäubung gelangt oder komplett verhärtet bricht. Der Abgrund hat die Aufgabe, den Menschen zu schocken, damit er erwacht.

Andres gesagt: Es passiert häufiger, daß man einen Abgrund erst kurz davor erkennen kann, obwohl zuvor schon ziemlich viel schiefgelaufen ist. Man war schon längere Zeit betäubt, taub und fast blind, hat vieles schieflaufen lassen. Der Abgrund soll schocken, damit man wieder voll ins Bewusstsein gelangt.

Gehet in Frieden und **bleibt im Vertrauen**, daß nach jeder Situation **eine Lösung bereitsteht, um sein Bewusstsein und seine Persönlichkeit zu schulen**. Das Leben ist ein Lernfeld mit Höhen und Tiefen. Alles dient zur Bildung einer reifen Seele.

Die Liebe im Höhenflug und in der Fantasie

4. März 2017

Die Alternative zur realen Begegnung liegt in der Projektion, in der Fantasie, und in der hormonell bedingten Ektase bzw. der Euphorie. Das hat mit der Realität wenig zutun, sondern basiert auf den eigenen Wünschen und Vorstellungen, wie man es gerne hätte und wie man es auch schon bei anderen gesehen, erhofft und erspürt hat. Aber die Realität ist von allem weit entfernt.

Es geht darum, den Boden und die Distanz zur anderen Person nicht zu verlieren. Distanz ist ein wichtiges Thema in der Liebe. Die Liebe vereint zwei Seelen körperlich und auf der ätherischen Ebne. Die Energien vermischen sich und die Körper gewöhnen sich an die Zärtlichkeit, und die stimulierende Wirkung auf die sexuellen Gefühle und Verlangen nach einer Verschmelzung. Aber die Verschmelzung kann man nicht offensichtlich unterscheiden, weil es sich oft mit der Vision und mit der Projektion vermischt. Die Vorstellung, wie es mal sein wird, wie man sich die Zukunft mit der neu in sein Leben tretenden Person vorstellt, gibt oft einen hormonellen Schub und vermischt das Befinden mit Euphorie und Glückseligkeit, obwohl sich im Aussen noch nichts real verändert hat. Ausser, daß man jemanden kennen gelernt hat, der einem die Zukunft scheinbar in hellstem Licht zu verändern vermag.

Was gilt es zu beachten, um nicht in der *Ent*-Täuschung und in einem Dilemma von Wut und Trauer stecken zu bleiben? Und um nicht das nächste Mal erneut in dieselbe Falle zu tappen? Es gibt Menschen, die genau aus diesem Dilemma heraus der Liebe entsagen wollen, weil der Schmerz, der jeweils ausgelöst wird, unerträglich scheint. Man möchte lieber nicht mehr in der Liebe stehen oder sich auf etwas anderes konzentrieren; zum Beispiel auf ein Tier oder ein Hobby oder einen grossen Freundeskreis. Aber die Paarbeziehung als Liebesmodel hat seine Tücken und viele können damit, besonders mit zunehmendem Alter, nicht mehr umgehen.

Dies gilt es zu verändern, weil die Gesellschaft sich in eine andere Dimension bewegt und die älteren Menschen vereinsamen. Dies ergibt eine Verhärtung in manchen Bereichen, so daß es ein Versuch wert ist, sich der "neuen" Form von Liebe – nämlich der göttlichen Liebe - zuzuwenden. Die Einsamkeit ist eine Folge von *Ent*-Täuschung. Weil man sich zu hoch hinaufgeschwungen hat, mit den Vorstellungen und den Projektionen – kein realer Mensch kann diese Vorstellungen erfüllen. Deshalb stürzt der Mensch mit diesen hohen Erwartungen schlussendlich ab, in die Einsamkeit und in die Selbstzweifel, daß er nicht genüge, weil niemand mit ihm zusammen sein will.

Die Depression ist das zweite Ereignis in dieser Seele. Die Erschütterung, die ein Gefühl von Abweisung hinterlässt oder eine innere Leere, weil man einfach nie den Richtigen, nie die Richtige findet, der oder die den Visionen, Wünschen und Ansprüchen entspricht – diese Erschütterung darüber bewirkt oft das Gegenteil von Liebe. Es entsteht eine Ablehnung gegen sich selbst bis hin zum Selbsthass, was natürlich nicht so offensichtlich erkannt wird. Oder es entstehen Ausflüchte in Essen und Trinken oder man verliert sich in den Medien, kommt in den Sog von Kaufräuschen, Überaktivität in Sport und Spiel ... man verfällt in solche Reaktionen. Diese haben zur Folge, daß sich der Körper verändert oder die Zeit fehlt, sich in Ruhe mit der eigenen Persönlichkeit zu beschäftigen. Es wird entsprechend nur im Aussen gesucht, anstatt in der eigenen Herzkammer.

Die Herzensangelegenheiten werden durch die Therapie, die man mittels Mediation durch das göttliche Licht empfängt, aufgeweicht. Sie werden mit Frieden und Einsichten berieselt, in einer Art, wie man es lediglich durch Studium oder Therapien nie in dieser Schlichtheit und schnellen Zeitspanne erhalten hätte.

Die göttliche Liebe ist das Allmittel für
allen Schmerz.

Der Glaube an eine Religion hat nichts damit zu tun.
Es muss lediglich die Bereitschaft bestehen, sich in der
Mediation dem "hellsten und reinstem Licht" zu
öffnen, das sich nach und nach in Entspannung und
Zuversicht in seinem Herzen verwandelt:

Der Aderlass der Trauer wird sich ergeben. Die Trauer weicht nach und nach und die Tränen versiegen. Die
Tränen fließen, anstatt daß es zu einer verhärteten
Blockade führt, die man in Tapferkeit und in ängst-
lichem Ausharren bestehen lässt. Dies ist der Tausch,
sobald man sich mit dem göttlichen Licht einlässt!

Die Euphorie ist eine Betäubung.
Die Vision ist ein Wunsch.
Die geistige Vorstellungskraft ist ein
Verführer.
Die Realität steht immer an
der Seite einer wahren Liebe.
Die wahre Liebe führt logischerweise
durch die Wahrheit.
Die Wahrheit ist im Jetzt -
in der Realität - zu erfassen.
Was real ist, passiert.

An dem kann man sich orientieren. Man kann es sich als Treppe vorstellen, die so Schritt für Schritt zu begehen ist. Und die Visionen kommen Zielsetzungen gleich, die definieren, wie hoch die Treppe einmal sein könnte. Ob man sie tatsächlich so hoch hinauf begehen kann, ist nicht sicher. Aber sicher ist, daß man in der Liebe täglich die Wahrheit suchen und akzeptieren soll.

> Nur die wahre Liebe ist nachhaltige Liebe.
> Die Wahrhaftigkeit soll Realität sein.

Gehet in Frieden und **sucht nicht nur die Liebe, sondern auch die Realität.**

Kontrolliert mit folgenden Fragen:

> Ist die Person, die du liebst,
> deiner Liebe würdig?
> Ist die Vision für eure gemeinsamen Ziele
> umsetzbar?
> Ist sie nicht bloss Hoffnung und Fantasie?

Die Zeitspanne für die ersten Anzeichen einer Realisierung ist innerhalb von zwei Monaten zu durchlaufen. Alles andere ist – ohne Anzeichen von Durchsetzung und konkreter Planung – lediglich Fantasie.

Die Zeit soll den Menschen ein Gradmesser sein, ist wie eine Skala zu benutzen.

Das Paar soll sich innerhalb von drei Monaten für gegenseitige und verbindliche Verpflichtung ausgesprochen haben. Alles andere hinterlässt schmerzliche Spuren.

Denkt daran:

> Zwei Monate für die ersten Erfolge einer
> Umsetzung gemeinsamer Ziele.
> Und das Paar muss sich innerhalb von
> drei Monaten als verbindlich erklären.
> Alles anders ist Fantasie und Euphorie.
> Nur so haben die Ziele Boden und
> begründen nicht auf Utopie.

Die Schnelligkeit ist allerdings kein pauschaler Gradmesser. Es soll nicht heissen: je schneller umso besser. Es soll heissen, daß die Stimmigkeit und die wahre Liebe täglich die Orientierung gibt, wohin der Weg führt. BEIDE Personen einer Beziehung müssen diese Stimmigkeit empfinden. Es geht nicht darum, daß der eine schon eine Vision innert Tagen umsetzen will, aber die andere Person kann noch kein Bedürfnis dafür aufbringen.

Diese Regel gilt für denselben Nenner: Beide müssen die ähnliche Vision haben. Beide müssen die ähnliche Vorstellungskraft für Veränderungen in ihrem Leben entwickeln.

> In der Liebe gibt es nur die
> gemeinsamen Entscheidungen.

Alles andere ist eine Entfremdung als Paar. Die friedvollen Stunden sind immer die wichtigsten Kraftspender für die weiteren Schritte. Diese Zeitmessung gibt dem Menschen die Gewissheit, daß die Liebe real ist: Zwei und drei - denkt daran!

Die Liebe in sexueller und erotischer Kraft

5. März 2017

Die Energien vermischen sich ebenso wie die Seelen, die sich in sexueller Begegnung, im Liebesakt, vereinen und begegnen. Die Liebesrituale der Menschen sind in unterschiedlichster Form zu betrachten:

Auf der einen Ebene sind die Menschen darauf bedacht, daß sich die sexuelle Energie über das andere Geschlecht aufbaut. Der Mann hat die Veranlagung, daß er die Frau als Lustobjekt empfindet (im Sinne von Luststimulation), sie aber nicht unbedingt auch in Liebe begehren muss, um seine Lust auszuleben. Andererseits kann er sie als begehrenswert empfinden, obwohl er sie kaum kennt – oder er das Begehren sogar bewusst ausschliessen möchte (situativ bedingt).

Die Frauen haben aus ihrer emotionalen Konstitution heraus eine gänzlich andere Voraussetzung, denn sie müssen in sich aufnehmen und daher müssen sie wählerischer sein. Der Mann kann *eindringen* und auch schnell wieder "herausspringen" - nicht sinnbildlich gemeint, sondern im emotionalen Sinn gesprochen. Die Frauen haben mehr emotionale Energien zur Verfügung bzw. sie mobilisieren sie automatisch, sobald sie jemanden in ihre Nähe lassen. Das hat mit dem natürlich angelegten Mutterinstinkt zu tun, der schnell aktiviert wird, sobald Zärtlichkeit ins Spiel kommt. Auch Frauen begehren und das ist dieselbe Energie, wie die des begehrenden Mannes. Aber sie ist nicht begleitet von der männlichen, der kämpferischen Eroberungsenergie. Vielmehr von der zärtlichen und mütterlichen Energie, die sie weich und empfänglich werden lässt. Dies hat auch mit den biologischen Umständen zu tun, damit es sie während des Geschlechtsaktes nicht schmerzt, damit sie weich und geschmeidig wird. Es ist also für eine Frau viel schwieriger, ihr Herz nicht zu verlieren und sich nicht seelisch verletzen zu lassen, wenn der Mann es nicht ernst meint mit der Liebe, sondern bloss auf sexuelle Abenteuer aus ist.

Es gibt durchaus ebensolche Frauen, die bloss die sexuelle Energie vom anderen Geschlecht verlangen und begehren, jedoch gar nicht verbindlich Liebe suchen oder geben wollen. Aber dann sind sie sich dies im Klaren und haben ihre Seele und ihre Herz-Energie bereits entsprechend vorbereitet und gebündelt. Ihr Schutz ist somit dicht und diese Frau kann höchstens mit ihrer verführerischen Energie einen Mann verletzen, weil er sich von ihr täuschen lässt und aufgrund ihrer Verführungskunst erblindet. Dies ist ebenfalls eine Verletzung. Es soll nicht gesagt sein, daß Männer unverletzlich sind!

Die ehrlichste Form von Liebe ist die, die nicht mit sexueller Energie gepaart wird. Aber es ist die schönste Form im irdischen Dasein, die reine Liebe mit der sexuellen Energie zu kombinieren. Dies basiert auf einem spirituellen Gesetz.

Und es hat den Zweck und die Kraft, daß die Menschen sich auf diese Art und Weise vereinen, damit sie für die schwierigen Zeiten, die durchaus folgen können, eine prioritäre Haltung zu einander einnehmen können. Die sexuelle und in Liebe geführte Liebesbeziehung ist sehr bindend. Es gibt meistens nur wenige Menschen, die es in tiefer und erfüllender Weise mit jemandem zulassen und erleben können. Gleichzeitig ist es einem bewusst, daß man dies nicht jederzeit beliebig mit jemandem anderen erleben kann. Sei dies aus konventionellen gesellschaftlichen Regeln – der Treue – oder auch aus eigenen Erfahrungen und Werten heraus. Aber es ist effektiv so, daß die Kombination von sexueller Anziehung und reiner Liebe dafür geeignet ist, sich besinnlich und behutsam durchs Leben zu begeben.

Dennoch sei gesagt: Die wahre Liebe benötigte keine sexuelle Aktivität. Die wahre Liebe würde sich begnügen, daß man sich in der Herzkraft die volle Erfüllung schenkt und sich über die Jahre hinweg einen immensen Wissens- und Erfahrungsfundus als

Nahrungsquelle aufbauen könnte. Aber der Mensch ist nicht immer im Lot und die sexuelle Energie dient auch dem Ablass von überschüssiger Energie. Die Zärtlichkeit ist damit nicht gemeint, wenn die Rede von sexueller Energie ist. Die Erotik ist sozusagen das Magnet, um sexuelle Energien zu schüren und sie aufzubauen, so daß die Explosion und die Entfachung eines "Feuerwerks" die Energien wiederaufbauen können, sobald sich die Energien gegenseitig entladen haben. Es ist, als müsse man immer wieder Druck ablassen, um sich neu aufzubauen und so stetig die Kraft und die Spannung zu behalten, weil man sich mit dem anderen Geschlecht reibt und im Feuer bleibt. Dies in der Freude und in der Vision, daß man dynamisch und lebendig ist. Die Körperlichkeit ist nicht nur natürlich, sondern auch eine nützliche Begebenheit. Denn der Mensch muss sich über das Du spüren und reiben. Dies alles hat seinen natürlichen Verlauf – und dient nicht bloss als Paarungs-und Fortpflanzungszweck. Es hat die Funktion, die Energien wie nach einem elektronischen *Reset* zu platzieren.

Es geht auch um Bestätigung. Nach der Vereinigung im Geschlechtsakt ist sich die Liebe wieder vermehrt beteuert worden, oder zumindest verbal oder non-verbal versichert und bestätig - selbst diejenigen, die sich nicht lieben, wissen danach, daß sie sich nicht auf dem Weg zur wahren Liebe befinden. Dies ist der Weg der Negativ-Wahl. Der Mensch kann sich daran orientieren, daß er die Liebe gefunden hat, wenn er sich vor und nach dem Geschlechtsakt in einem besonderen Zustand befindet. Die Glückseligkeit hat nichts mit der sexuellen Energie eines normalen Orgasmus zu tun. Die sexuelle Glückseligkeit kommt einem zeitlos vor. So, als will sie nie enden und auch, als wird sie immer wieder das Vertrauen erwecken, daß es jederzeit und in jedem Alter – bloss mit diesem einen Menschen – zu erleben ist.

Die sexuelle Glückseligkeit ist für den Menschen ein Indikator, wo er sich mit dieser Person, die jetzt in seinem Leben als Liebespartner auf dem Weg steht – befindet und eine direkte Aufgabe hat: Die Liebe, die wahre Liebe zu erkunden.

Gehet in Frieden und **lasset euch von euren Sinnen treiben** – geerdet mit der Hoffnung und im Wissen, daß die Menschen sich immer wieder von Neuem vereinen ...

Die Liebe im Gegensatz zu Hass

11. März 2017

Und so geht der Alltag durch und die Menschen besinnen sich nicht, was sie den ganzen Tag durch an Liebe verloren haben, weil sie sich verstärkt auf die Negativität konzentriert haben, als auf das Positive der liebenden Energie. Die Menschen neigen dazu, sich von der Intensität der negativen Gefühle leiten zu lassen. Auch hier im Nebeneffekt der Negativauswahl. Es gilt: Was man stark spürt, das ist der Leitfaden. So sehen es die meisten Menschen in einem gewöhnlichen Alltag. Aber es ginge genau umgekehrt besser und wäre für jeden Beteiligten konstruktiver. Die Gefühle im Positiven gilt es zu mobilisieren. Diese sind allerdings nicht einfach fliessend und schnell aufzurufen. Sie müssen frei gelegt werden. Sie müssen durch eine positive Grundhaltung erarbeitet werden.

Wer negativ in den Tag steigt, der hat wohl kaum zu erwarten, daß er auf alles spontan positiv und liebevoll reagiert. Es gilt somit die Grundstimmung zu fördern und die liebende Energie vor Augen zu halten, anstatt die Aggression und die Abneigung zu vielem. Es gilt zu verstehen, daß man sich spiegelt; daß man das anzieht, was man aussendet. Früher oder später ist das alles ein Kreislauf.

Wer sich also in der liebenden Energie aufhält, wird liebende Menschen und liebevolle Situationen anziehen. Wer sich in Hass und Wut begibt, wird in ein schwarzes Loch fallen. Der Hass ist wie ein Flammenmeer – in dem man sich verliert, verbrennt und sich zerstört. Der Hass ist ebenso für andere Personen gefährlich und lässt alle flüchten. Wer sich mit Hass konfrontiert sieht, kehrt um, weicht aus oder sticht mutig zurück. Hass ist zerstörerisch. Hass ist destruktiv und der Ärger, der im Hass versenkt ist, kann nicht umgesetzt werden. Weil selbst Ärger ist gefangen im Vakuum von Hass, der wie eine Explosion ausbricht. Der Hass ist abgrundtief und ebenso allumschlingend. Er breitet sich wie eine Giftwolke aus und ist nicht mehr kontrollierbar. Ebenso wie eine Feuerwalze oder Explosion kann man ihn nicht berechnen und es gilt von daher, ihn grundsätzlich und präventiv zu vermeiden.

Der Ärger und die destruktiven Gefühle sollten somit genügend früh wahrgenommen werden, weil man im Bewusstsein ist, daß Hass daraus entstehen kann. Der Hass ist eine Aufbereitung von Unverständnis, physischem und psychischem Leiden, Wut und Rachegefühl. Das Rachegefühl stammt aus dem Gefühl von Ungerechtigkeit und sich verkannt fühlen. Dies alles ist ebenfalls Ausdruck von fehlender Liebe. Die Wut darüber, daß man der Liebe nicht entsprechen kann oder nicht berücksichtigt wird, lässt diese ungestüme Wut, diese destruktive Kraft aufkommen.

Das Gegenmittel für Hass ist die Selbstliebe. Es benötigt die Vergebung – sich *selbst* zu Liebe. Heisst: Dem anderen zu vergeben, obwohl er einem schlecht behandelt, ist Prävention und Schutz für das *selbst*zerstörerische Gefühl von Hass. Die Gleichgültigkeit andererseits ist die sicherste Methode, nicht in Hass zu versinken. (Es geht nicht darum, ob es richtig oder falsch war, was der andere tat oder unterliess. Auch nicht darum, ob man es gutheissen kann. Es geht darum, wie man sich aus dem Hass windet.)

Das tatsächliche Gegengeil von
Liebe ist die Gleichgültigkeit.

Dies gilt es zu verstehen: Wo keine Liebe ist, kann auch kein Hass entstehen. Die Liebe kann auf Verschiedenes gerichtet sein, nicht bloss auf eine andere Person. Die Liebe zu einer Sache, die Liebe zu einer Angelegenheit, Hobbies, Unternehmung, Tätigkeit ... Die Liebe zu sich selbst!

Der Hass ist immer mit dem Gefühl von Liebe verbunden. Zum Beispiel wird man wütend, weil man von etwas Geliebten unfreiwillig oder gewaltsam entfernt wird. Oder beraubt und von jemand Geliebten betrogen wird. Oder verhindert wird, etwas Geliebtes zu tun oder zu haben. Und so fort ...

"Was ich nicht haben kann, das zerstöre ich!" -... ist eine Redewendung, die dem Hass entspringt. Rachesucht ist immer gekoppelt mit Hass und Verlust von etwas Liebsamen.

Der Hass ist eine gewalttätige Form von Verzweiflung. Nur die fehlende – geraubte, abhanden gekommene - Liebe kann einem die Impulse geben, sich in Hass zu verstricken.

Andererseits: Die Gleichgültigkeits ist nicht unbedingt frei von Aggression. Auch passive Aggression kann sehr wohl als gewaltige Energie gegen Personen gerichtet werden. Man soll den Unterschied von diesen Elementen erkennen:

> Die Gleichgültigkeit ist ein Gegenmittel für Hass, aber ist nicht ohne Aggression.

> Der Hass entspringt aus der Entsagung von Liebe.

> Die Vergebung IST Liebe (Verschiebung und Konzentration zur Selbst-Liebe).

Die (liebevolle) Vergebung löst nachhaltig
Hass auf.

Wer mit Hass konfrontiert ist, soll sich in Vergebung
üben. Sich selbst gegenüber – sich selbst zu liebe – und
er soll sich in der Berufung üben, die involvierten
Mitmenschen in dieser Situation zu unterstützen und
zum Wohl des Gesamten dienen (z.B. einer Fami-
liengemeinschaft).

Denn: der Betroffene, der sich im Gefühl von Hass
aktiv betätigt, ist selbst gestraft. Der Hass ist selbst-
zerstörerisch und wird seine Seele in die dunkelste
Seite ziehen. Die Selbstliebe kann nicht mehr wirken!
Er verstrickt sich immer mehr in den negativen Energien und fühlt sich sogar noch berechtigt, weil er sich
als Opfer sieht und so getarnt seinen negativen Gedanken und Gefühlen freien Lauf lässt. Er fühlt sich
berechtig - ja geradezu gezwungen - sich so zu verhalten. Bis er bemerkt und einsieht, daß Hass selbst-
zerstörerisch ist. Einsamkeit oder Erwiderung von
Hass ist das erste negative Resultat, das es zu erkennen gilt.

Spätestens nach diesem Erkennen wird er die Gelegenheit haben, sich über die Selbstliebe wieder aus der
leidigen Situation heraus zu manövrieren.

Strahle Liebe aus – und du wirst Liebe
erhalten und ihr begegnen.

Das ist das Fazit einer selbstzerstörerischen über sich
herabströmende Hasswelle. Man will ihr wieder entfliehen und sucht nach einem anderen Gefühl: LIEBE
und somit Lebensfreude und sinnvollen Tätigkeiten.
Hass und destruktive Situationen sind wie die unauf-
hörliche und nie endende Dunkelheit. Man will ans
Licht und muss nach einer Lichtquelle suchen: LIEBE.

Gehet in Frieden und **unterscheidet die Intensität
eurer Gefühle:**

Die Liebe ist das hellste Licht.
Die Liebe ist das stärkste Gefühl, aber lasset euch
nicht dadurch blenden, daß man jedes starke Gefühl
zulassen darf.
Auf einmal versinkt man in der Dunkelheit.

Der Gradmesser bzw. die beste Orientierung ist die
Rückkoppelung mit der Frage:

Welche Gesinnung habe ich in dieser
Situation zu diesem Menschen?

Befinde ich mich ich in der Verteidigung
oder befinde ich mich in der Verstrickung
von Vertuschung?

Oder nehme ich die Abkürzung (auf
Kosten anderer) zu Profit und Erfolg?

Dies gilt es zu erfragen, weil es die Vorstufen von Hass
versinnbildlicht. Die eigenen dunklen Absichten sind
gepaart mit dem Gefühl von Aggression und (blinder)
Verteidigung.

Man muss sich meistens dann verteidigen, wenn man
zuvor eine Unklarheit übergangen hat und sie nicht
sofort bereinigt hat. Es gilt also zu kontrollieren, ob
man die Situation sachlicher angehen kann und die
Probleme der Reihenfolge entsprechend analysieren
muss und somit nicht pauschal reagiert.

Der Hass ist eine Vermischung von vielen
Situationen und unterschiedlichsten
Gefühlen.
Es gilt die Maße zu zerkleinern.
Der Hass ist gebündelte Verzweiflung über
eine ungeklärte Situation.
Deshalb gilt es Ordnung zu halten;
täglich und in jeder Situation.
Die Liebe stärkt und bereinigt.

Dies ist das Fazit als Formel:

Ungerechtigkeit x Situation(en) = hasserfüllte Aktion
Hass + Vergebung = gelöste Situation

Wir können uns jederzeit von Hass befreien, wenn wir uns einen Moment in Stille begeben. Der Hass kann versiegen und die Liebe wieder einfliessen. Zufriedenheit ist eine abgeschwächte Form von Liebe. Die Zufriedenheit ist ein Kompromiss, der einem von viel Ärger und destruktiven Situationen und somit schädlichen Situationen bewahrt.

Die Kompromisse dienen zur Abschwächung von Hass. Lasset sie angehen und übergeht die Kraft des Hasses, als müsste man eine Hürde überspringen, um nicht zu Fall zu kommen.

Die Gleichgültigkeit und die Lieblosigkeit

12. März 2017

Mit der Lieblosigkeit im Vergleich zur Gleichgültigkeit hat es sich insofern auf sich, als daß es sich hier um eine Unterteilung von unterschiedlichen Energien handelt. Den Hass haben wir als aggressive und zu Gewalttätigkeit neigende Energie bezeichnet. Der Hass ist mit Gleichgültigkeit zu tilgen, weil das Gegenteil von Liebe Gleichgültigkeit ist. Die Liebe – die verwehrte Liebe - kann zu Hassgefühlen führen. Das ist die Basis zum Verständnis, das es dazu benötigt, die Begebenheit von Lieblosigkeit und Gleichgültigkeit zu verstehen. Die Verbindung besteht darin, als daß die Gleichgültigkeit auch eine Lieblosigkeit ist. Das ist eine komplexe Ansicht, wenn man bedenkt, daß die Gleichgültigkeit auch dafür nützlich sein kann, um zerstörerische, gewaltige Energien zu besänftigen.

Die Beharrlichkeit und Ruhe können dazu führen, daß die Gleichgültigkeit auch anders betrachtet wer-den kann. Die beharrliche Gelassenheit ist nicht mit der Gleichgültigkeit zu verwechseln. Die beharrliche Gelassenheit ist auf Vernunft basierend und beinhaltet somit wiederum Liebe. Die Liebe zum Gelingen einer Sache, oder die Liebe zum Mitmenschen, damit kein Schaden entsteht (z.B. keine voreiligen Schlüsse oder Handlungen vollziehen) ist damit gemeint.

Aber die beharrliche Gelassenheit ist eine Prävention und somit eine Schutzmaßnahme, damit die Situation nicht eskaliert.

Die lieblose Gleichgültigkeit kommt jedoch einer aggressiven Handlung und Haltung gleich. Es ist dem Betroffenen, der es *so* empfindet, egal - und wie das Wort verlautet: gleichgültig – was für Konsequenzen seine Haltung verursacht. Die lieblose Gleichgültigkeit ist deshalb ebenso zerstörerisch wie die aktive, hasserfüllte oder direkte Aggression.

Es kann eine mutwillige Zerstörung bewirken, wenn man seinen Mitmenschen gegenüber lieblos handelt. Die Lieblosigkeit kann zum Beispiel die Kindheit eines Menschen so sehr schädigen, so daß es einem psychischen und seelischen Schaden, der durch eine mutwillige Zerstörung verursacht wurde, gleichkommt. Ein lieblos aufgezogenes Kind hat im späteren Leben in seiner Existenz einen beträchtlichen Schaden erlitten und kann dieses Manko im Vergleich zu anderen nur spärlich und sehr selten kompensieren.

Die Lieblosigkeit im Alter führt zu verfrühtem Zerfall im körperlichen und seelischen Bereich. Die Gesundheit nimmt Schaden und insofern ist die bewusst ausgeführte Lieblosigkeit eine sträfliche Unterlassung von Verpflichtungen seinen Mitmenschen gegenüber.

Wäre es ein Tier, das man lieblos behandelt und dadurch schädigt, würde der Tierschutz aktiviert. Man soll sich dies einmal vergegenwärtigen …

Es ist in diesem Sinne ein Aufruf, daß man die Lieblosigkeit, wenn man sie beobachtet und somit damit konfrontiert wird, nicht dulden soll. Es benötigt vermehrt Zivilcourage jedes einzelnen, damit die Gesellschaft die Lieblosigkeit nicht toleriert und gewähren lässt. Man tut fälschlicherweise oft so, als wäre sie eine neutrale Verhaltensweise. Das ist sie nicht! Die Lieblosigkeit ist die Vorstufe von gewalttätiger Handlung.

Es ist zu beachten, daß die Politik mit der Lieblosigkeit argumentiert und sie auch strategisch einsetzt. Insofern ist diese Verhaltensform in bester Gesellschaft. Aber es gilt, sie zu durchschauen und sich vermehrt darauf zu besinnen, daß die Nächstenliebe ein Gut unserer Gesellschaft ist. Wenn die Solidarität nicht mehr auf breiter Basis funktioniert, dann ist die Kraft im gesellschaftlichen Leben vermindert. Die

Anfälligkeiten werden vermehrt polarisiert und spröde in ihrer Substanz. Der Rechtspopulismus ist z.B. ein Produkt unserer heutigen gesellschaftlichen Zeitphase.

> Es benötigt nur noch wenig, als dann
> die Lieblosigkeit im Sprachkontext
> als normal gilt.

Achtet und verbreitet die Liebe vermehrt. Die Gesetze der Liebe gelten für alle Erdenbürger. Die Lieblosigkeit führt in die Verkümmerung unserer Gesellschaft – und dieser Umstand ist nicht begründet auf kulturellen Grenzen und Grenzbereiche im Sinne von Landesgrenzen. Denn als Mensch, als Erdenbürger gelten die Gesetze von Liebe und fehlender Liebe gleichermaßen. Global.

> Bedenkt, daß die Erde von Liebe
> und deren Energie abhängig ist!

Die Verschwendung von Liebesenergie

17. März 2017

Die grundsätzliche Herausforderung besteht darin, daß man sich in seinen eigenen Liebesgefühlen verlieren kann. Es ist ein leichtes, sich zu verlieben und sich den Projektionen von diversen Szenarien hinzu-geben. Es ist oft die Verliebtheit in die Verliebtheit, die einem besser fühlen lässt. Es ist oft die Fantasie und die Hoffnung, die einem beflügelt. Deshalb ist oft das Erwachen, wenn man den Tatsachen ins Auge blicken muss, nicht sehr gemütlich. Die meisten Menschen versuchen sich in der Zeit der ersten Verliebtheit im besten Licht zu zeigen. Sie balzen und streichen ihre Ängste nicht hervor, sondern umgekehrt die Vorzüge. Sie sprechen von Wünschen und Zielen, sie unterlassen es jedoch tunlichst, sich über die eigenen Schwächen und Ängste zu unterhalten. Und wenn, dann lediglich um ihre Ziele und Wünsche, die dem Gegenteil von Ängsten und Befürchtungen entsprechen, aufzuzeigen.

Das Balzen zweier Menschen kann nicht mit dem der Tierwelt verglichen werden. Die Tierwelt ist ehrlicher im Umgang damit. Sie ist im Jetzt verankert und zeigt jeden Moment auf, was sie hat. Man kann sie sofort erkennen und beurteilen, als die Verehrer und als die

Begehrten. Es geht um Geruch und um Bereitschaft. Es geht um Signale und um Farbpaletten.

Bei den Menschen hat dies auch eine Berechtigung; die Bereitschaft und die Sinneswahrnehmung. Aber der Ursprung von verankerten Verhaltensmustern aufgrund der Vergangenheit, ist viel prägender, als der Zustand im Jetzt. Ein Mensch kann noch so gut riechen und gut aussehen und beim anderen sexuelles Begehren oder seelisches Vertrauen erwecken. Schlussendlich geht es um die Kombination von Verhaltensmustern bzw. um dessen Verträglichkeit.

In zunehmendem Alter sind eigene Erfahrungen entsprechend reicher und die Kombination zweier Menschen in ihrer Verhaltensweise ist komplizierter geworden. Deshalb gilt es in den Anfängen einer sich anbahnenden Beziehung klare Signale wahrzunehmen und sie für sich lernend zu interpretieren und für sich als Konsequenz daraus die ersten Entscheidungen zu treffen.

Dafür muss sich jeder die ersten Ziele und die hauptsächlichen Kriterien – für sein Verhaltensmuster und für seine Biografie - bewusst sein.

Die ersten Schritte zum anderen hin können mutig oder zögerlich sein, verliebt oder zurückhaltend; das spielt nicht so sehr eine Rolle. Wichtig ist das persönliche Prinzip, das ins Visier genommen werden muss. Es gibt klare Kriterien, die die neue Person, die man in sein Leben lässt, erfüllen sollte. Die Überraschung und die Veränderung – für die eigene Entwicklung – bringt diese Beziehung automatisch mit sich. Egal, wie die Beziehung endet.

> Man begegnet einem anderen Menschen
> grundsätzlich, um mit ihm etwas zu
> lernen.

Aber es geht auch darum, daß man sich nicht unnötig – gegenseitig – Leid und Kummer zufügt. Es gilt also im Vorfeld schon eine gewisse Basis zu legen, damit man die "falschen" Menschen erst gar nicht in sein Leben treten lässt, damit unnötigen Lektionen für sein Leben nicht nochmals und nochmals durchlaufen werden müssen. Ein Mensch hat eine Portion Energie zur Verfügung. Täglich und ein Leben lang. Aber es ist nicht möglich, sie zu kumulieren. Sie ist stetig vorhanden – es liegt am Menschen selbst, sie einzuteilen. Für welche Erfahrung und für welchen Bereich in seinem Leben.

Die unnötigen Lektionen lassen sich wie folgt erkennen:

Es schleicht sich zu Beginn eine Art Angst ein. Der Mut fehlt, aber der Verstand lässt sich dazu verleiten, die Sache nochmals zu prüfen. Dahingehend, ob sein Ego nicht doch eine Lücke entdecken könnte, um seinem starken Wunsch, endlich einen Partner / eine Partnerin zu finden, zu entsprechen. Das Bauchgefühl hat jedoch - berechtigt - Angst.

Der Unterschied ist im Zusammenspiel von Unterbewusstsein (Bauchgefühl / innerer Coach), Verstand und Ego zu erkennen.

Das Ego ist hier die Schwierigkeit. Das Ego WILL eine Beziehung. Das Ego WILL nicht mehr länger warten. Das Ego lässt einem daher im Glauben, daß man stark, flexibel und grosszügig sein kann und vieles meistern, was anfänglich noch schwierig zu sein scheint. Man redet sich sogar ein, daß man mit zunehmendem Alter - oder halt auch, weil man beruflich oder finanziell nicht sehr erfolgreich ist – Kompromisse machen soll oder muss. Es geht aber darum, daß man sich nicht auf die negativen Seiten seiner Situation konzentrieren soll.

Auch die positiven Seiten haben ihre verheerenden Verlockungen, die einem ins Verderben führen können. Zum Beispiel kann man sich dem materiellen Überfluss hingeben, der einem der neue Partner oder die neue Partnerin anzubieten vermag. Diese materielle Verlockung geht oft damit einher, daß sich die Seele verkaufen muss. Die Seele hätte vielleicht lieber einen Partner, eine Partnerin, mit der man tiefe Gespräche führen könnte oder mit der man sich in sinnlicher Stimmung hingeben könnte. Aber trotz Fehlen dieser Eigenschaften bei der neu in sein Leben tretende Person wird man versucht, die Mängel aufgrund der materiellen Vorteile zu kompensieren.

Kompromisse sind schon richtig und wichtig. Diese Bereitschaft ist Gold wert. Aber dies soll mit der richtigen Kombination und im richten Maß geschehen; seinem persönlichen Stellenwert entsprechend. Also kann man sagen, daß einem die Skala von Wertschätzung zuerst einmal bewusst sein muss.

> Welche Eigenschaften sind mir
> am wichtigsten?
> Auf was kann ich verzichten und auf
> was kann ich überhaupt nicht verzichten?

> Was müsste passieren, damit ich
> Kompromisse in diesem Bereich
> eingehen kann?

Es gibt die Situation, in der man sich mit jemanden zusammentut, weil man sich in seiner Gegenwart einfach speziell geboren und bestätigt fühlt. Selbst wenn andere Dinge, wie z.B. materielle Umstände, nicht unbedingt den Vorstellungen entsprechen. Aber dann ist genau dies das Kompromisskriterium. Es muss ein "Gegengeschäft", eine Form von Ausgleich möglich sein.

Geld ist Energie. Wenn man durch eine nicht materiell unterstützet Beziehung dafür mehr Energie in seinem Leben verspürt und sich nicht verkaufen oder verbeugen muss, dann ist dies durchaus eine Möglichkeit, diesen neuen Menschen in seinem Leben zu bejahen und sich auf ihn vertieft einzulassen.

Die Botschaft lautet, daß es nicht um materielle Kriterien geht, obwohl diese auch nicht zu vernachlässigen sind.

Es geht um den Ausgleich von Kriterien:

> Was kann ich geben?
> Was kann ich nehmen?
> In welchem Lebensbereich muss ich
> eigenverantwortlich Konsequenzen ziehen?

Man muss sich auch selbst kritisch betrachten und beurteilen.

Was habe ich zu bieten – im Vergleich,
was ich verlangen kann?

Es gibt tausend, zigtausende Menschen in unserer Gesellschaft, die einsam sind, weil sie sich selbst nicht richtig einschätzen. Sie isolieren sich eigenhändig, weil sie Ansprüche stellen, die sie im Gegenzug anderen nicht entgegenbringen können.

Die Regel gilt also in diesem Bereich:

> Nicht mehr verlangen, als man bieten
> kann. Dies gilt als Durchschnitt zu
> betrachten und ist im materiellen,
> wie im immateriellen Sinne gemeint.

Man kann in einem Lebensbereich durchaus mehr nehmen und trotzdem weniger anbieten. Und umgekehrt. Aber dies beruht auf Gegenseitigkeit und soll sich schlussendlich in der Beziehung als Ganzes (alle möglichen Lebensbereiche betreffend) ausgleichen.

> Die Summe aller Bedürfnisse und
> Leistungen ergibt eine glückliche
> Beziehung.

Die Mängel, die in einer Beziehung aufkommen können, gelten meistens als neuer Lernprozess – und dies
ist entsprechend genau DAS Geschenk vom Leben.

Anders gesagt: Ein neuer Partner kann einem heraus-
fordern und das Leben kurz- oder mittelfristig
erschweren. ABER man lernt mit ihm zusammen in
einem wichtigen Bereich seines Lebens dazu. Man
wächst an den Problemen und kann sich dadurch zu
einer reiferen Person entwickeln. Es gilt also nicht nur
die positiven Aspekte als richtig und gültig zu betrachten. Es geht darum, daß man auch in den neuen
Problemstellungen Potenzial entdeckt und dadurch
Toleranz walten lässt.

> Es liegt in der Natur der Liebe,
> daß sie tolerant macht.

So betrachtet, erscheint es einfach und logisch: Sobald
keine Toleranz zu verspüren ist und kein Interesse an
einer neuen Herausforderung besteht, sollte man sich
von diesem Menschen nicht in Abenteuer oder zu
lebensverändernden Situationen hinreissen lassen.

> Die Liebe führt.
> Die Liebe gibt Vertrauen.
> Die Liebe nimmt übermässige Angst.

Ist Angst und Intoleranz zu verspüren, sollte man davon absehen, sich einem Menschen vertiefter anzuvertrauen. Dies muss nicht der Verstand entscheiden. Dies kann das Herz am besten.

Gehet in Frieden und **öffnet eure Herzen, ohne den egoistischen Verstand als Torwächter vorzuschieben!**

Die Zugehörigkeit

19. März 2017

Die Menschen benötigen einen Draht zu jemanden anderen. Sie benötigen eine Verbindung untereinander. Das Kleinkind benötigt Berührung und Reaktion auf seine Aktivitäten, um sich bemerkbar zu machen, so daß es seine Bedürfnisse abgedeckt erhält. Ähnlich ist es beim erwachsenen Menschen. Die geistige Verbindung zu einem anderen Menschen ist so notwendig wie die Nahrungsaufnahme oder der Schutz vor Kälte und Nässe. Die geistige Verbindung ist somit eigentlich eine Verbindung von Seele zu Seele.

Die seelische Verbindung macht letztendlich das Erden-dasein aus. Nicht der Körper und nicht der Geist ist das absolute Quäntchen, das einem das Leben auf Erden glücklich oder schmerzlich bereitet, sondern das seelische Befinden. Das seelische Dasein ist unendlich, aber es muss sich in der irdischen Gestalt manifestieren. Der Antrieb ist dem Funken gleichzusetzen, der die Flamme zum Leuchten und brennen bringt. Das Leben macht erst einen glücklichen und erfolgreichen Durchbruch zu einer "grossen Flamme" – indem die seelische Befindlichkeit zufrieden und im Einklang mit sich selbst fliesst.

Die seelische Verbindung zu einem anderen Menschen ist somit etwas sehr Grundlegendes. Es geht hier ebenfalls um Liebe und um das "Produkt" davon: die Zugehörigkeit.

Die Menschen wollen zu jemandem gehören. Sie wollen zu einer Gemeinschaft gehören. Sei dies bezüglich eines Glaubens oder Handelns. Man identifiziert sich schnell mit einer Gemeinschaft, mit Gleichgesinnten, mit Leuten, die dieselbe Sprache sprechen oder dasselbe anstreben. Es ist auffallend, wie die Ablehnung von anderen Gruppen sehr damit zu tun hat, weil man nach Zugehörigkeit strebt. Die Zugehörigkeit verleiht Sicherheit und gibt Boden. Die Ablehnung von anders denkenden und anders handelnden Mitmenschen zeigt im Grunde nur eines auf: wie unsicher man sich selbst im eigenen Leben verhält und wo man sich befindet.

Die Unsicherheit ist das Gegenteil von Zugehörigkeit. Die unsicheren Menschen haben oft das Gefühl, sie gehören zu niemandem richtig und nicht verbindlich und irren von einer Aktivität zur anderen und suchen sich Gleichgesinnte, obwohl sie eigentlich selbst gar nicht wissen, welche Ideale und welche Werte sie vertreten oder anstreben. Zu diesen Gruppierungen besteht oft keine innerliche Verbindung und deshalb biedern sich diese Menschen auf geistiger Ebene an.

Aber die Identifikation fehlt und somit werden sie von dieser ersehnten Gruppe nicht akzeptiert. Die Authentizität ist der Schlüssel zur Zugehörigkeit.

> Die Authentizität ist der Ausweis für den
> Türsteher (Einlass zur Gemeinschaft).
> *Der Ausweis* beweist, daß man sich in
> sich selbst verankert fühlt und
> das auch bekunden kann.

> Das führt schlussendlich zu Akzeptanz –
> genau in der Gemeinschaft, der man
> tatsächlich angehört.

Die Wahrheit ist immer ein guter Begleiter. Die Lüge, die Schummelei und das Hinbiegen führt niemals zu Zugehörigkeit. Höchstens, wenn man sich unter Lügnern und "Gamblern" wohl fühlt – das ist der einzige Grund, sich zu identifizieren. Aber dies ist nicht anzustreben und vor allem bewirkt es eine Menge Probleme und neue Abhängigkeiten – was einem Gegenteil von Zugehörigkeit gleichkommt.

In der Zugehörigkeit bestehen Verbindungen, die sehr wohl verbindlich und somit auch zeitlich angepasst sind, aber sie beinhalten keine Co-Abhängigkeiten. Denn in der Zugehörigkeit steckt viel Liebesenergie und die ist sehr flexibel. Auftretende Probleme werden durch dieses liebevolle Verständnis immer zu einer gemeinsamen Lösung führen. In gegenseitigem Bestreben, die Lösungen zu suchen und zu finden. Die Co-Abhängigkeit ist jedoch mit machtvollen Verstrickungen gezeichnet und basiert auf Hierarchie und machtvollen Bestrebungen, die Hierarchiestufe weiter hinaufzusteigen. In der Unterdrückung ist immer eine Co-Abhängigkeit zu entdecken und ist vorsätzlich geplant.

Die Zugehörigkeit empfindet man jederzeit in einer Atmosphäre von Freiheit und Harmonie. Man ist sich gewiss, daß diejenigen, die in diesem Feld von Verbindung leben, einem gut gesinnt sind und es unumstösslich zu einer Loyalität führt, wenn man miteinander den Lebensweg beschreitet. Man befindet sich in einer Win-Win-Situation, weil jeder davon ausgeht, daß der andere ihm nicht schaden will, sondern man sich vielmehr gegenseitig fördert. Und dadurch, daß dieses Gefühl tiefes Vertrauen und Sicherheit vermittelt, verhält sich jeder in seinem eigenen Alltag verstärkt selbstsicher und wird dadurch erfolgreicher in seinem alltäglichen Werk. Aus dieser Regel ist abzuleiten, daß Menschen, die sich in einer Zugehörigkeit befinden, in ihrem irdischen Dasein durchaus erfolgreicher wirken können.

Die seelische Verbindung unter Menschen, die jedoch weniger im gemeinsamen Alltag zu tun haben, besteht natürlich auch. Sie bestärken sich durch Gedankenübertragung und mittels Wissen, daß es diesen Menschen in ihrem Leben gibt; dies verleiht eine innere Bestärkung. Man erinnert sich an ihn mit guten Gefühlen oder man wünschte sich, daß dieser Seelenfreund darüber Bescheid wüsste, was gerade im Alltag so von sich geht. Dies kann ein innerlicher Ansporn bedeuten und das ist somit auch förderlich für die eigene Entwicklung.

Die Zugehörigkeit im direkten Alltag ist etwas Wunderbares und ein grosses Geschenk des Lebens. Aber die seelische Zugehörigkeit mit anderen Menschen ist ebenso ein Geschenk des Universums. Die Kombination von beidem ist die Krönung eines reich beseelten Menschen.

Es gilt die Zugehörigkeit als erweiterte Form von Liebe anzuerkennen. Dies in Dankbarkeit und im Bestreben, den Kreis der Zugehörigkeit stetig zu erweitern. Das Gefäss der Liebe wird so grösser und tiefer. Ein reichhaltiger Fundus der Herzkraft ist das Resultat.

Gehet in Frieden und **übet euch in der seelischen Verbindung,** damit das irdische Dasein reicher und freudiger gelebt werden kann.

Die Verbindlichkeit und das Freiheitsbedürfnis – ein Spiel von Gegensätzlichkeit

20. März 2017

Der Begriff "freie Liebe" ist nicht dem Umstand gleichzusetzen, daß sich in einer reifen und verbindlichen Beziehung auch das Bedürfnis nach Freiheit ausbreiten darf. Die Freiheit innerhalb einer verbindlichen Beziehung IST die Basis einer nachhaltigen, und vertrauensvollen Beziehung zweier bewusst lebender Menschen. Die Freiheit ist nicht nur im äusserlichen Bereich zu definieren, sondern ebenso bezüglich der eigenen Haltung, den Werten und den Gedanken und Gefühlen. Es gibt einen intimen Bereich, der die Partnerschaft ausschliessen kann. Es gibt einen Bereich in jedem seines eigenen Lebens, der nicht von der Partnerin / vom Partner durch-kreuzt und berührt werden darf – ausser man wird dazu eingeladen, um sich dazu zu äussern, daran zu beteiligen oder um Rat abzugeben.

Die innersten Bereiche eines jeden sind Schutz-Zone. Das ist zu respektieren und zu beachten. Dies gilt für jedes Gespräch und jede Besprechung, bezüglich des weiteren Vorgehens im Alltag oder eines aktuellen Lebensvorgangs.

Die Gemeinsamkeiten sind eine Basis – aber genauso sind es die ausgeschlossenen Bereiche für den jeweiligen Partner / Partnerin. Denn die Bereiche, die einem nicht betreffen, können als Entlastung empfunden werden. Und der andere kann sich in diesem Bereich entfalten, ohne darauf achten zu müssen, ob er den Werten oder derselben Haltung oder dem Verständnis seines Partners / seiner Partnerin entspricht. Dies wiederum kommt auch dem anderen zugute, weil sich der andere Partnerteil in seiner Entwicklung verbessert und dadurch eine reifere Person wird. Dies auf Gegenseitigkeit betrachtet, ist eine äussert positive Situation. Es ist eine für beide verheissungsvolle Entwicklung. Es verleiht zusätzlich Vertrauen, wenn man genau weiss, daß der Partner / die Partnerin einem diesen Freiraum von Herzen gönnen mag. Zudem aus der Überzeugung heraus, daß es für ihn / für sie zum Besten ist. Das Wohl des anderen soll im Vordergrund stehen. Genau diese Haltung, diese Überzeugung und diese Bekundung ist der Schlüssel zum Glück in der Liebe.

> Das ist die Regel: Immer das Wohl des
> anderen Partners im Fokus haben,
> ohne die eigenen Bedürfnisse grundlegend
> zu missachten und verleugnen zu müssen.

Mit dieser gleichberechtigten Vorgehensweis, daß jeder seinen Freiraum und somit seine Entwicklungschancen wahrnehmen darf und gefördert wird, kann sich die Liebe entfalten und vertiefen.

Die Liebe zur Liebe erzeugt
verstärkte Liebe.

So einfach ist es, wenn man verstanden hat, daß die grosszügige Entfernung im Grunde sehr intime Nähe bildet.

"Je länger die Leine, umso näher das Vertrauen". Dies besagt die alte Volksmundregel, die auf spirituellen Regeln basiert.

Die Begrenzungen setzt das Leben, das Schicksal jedes einzelnen von selbst. Er hat es eigens zu verantworten, wo er hingehen und was er tun und lassen kann. Für das benötigt es nicht grundlegend einen Partner oder eine Partnerin. Diese Grenzen setzt das Leben, das Universum. Die Grenzen innerhalb der Beziehung werden schon auch definiert. Aber diese entstehen über den Dialog und über die Wertschätzung und somit aus Rücksicht. Die Tagesabläufe sind auch von Grenzen durchzogen. Aber die sind verständlich nachvollziehbar und handverhandelbar.

Wir sprechen von den innerlichen Begrenzungen. Die sind verboten. Es ist eine Gesetzmässigkeit, daß eine liebende Person dem Partner / der Partnerin nichts verbieten kann.

> Wer verbietet, steht nicht in der Liebe,
> sondern in der Macht.

Die Macht hat keinen Bezug zur Liebesenergie. Liebe und Macht sind Kontrahenten, die sich gegenseitige ausschalten. Die Liebe einerseits kann eine macht-volle Situation aufweichen und auflösen. Andererseits kann die Macht eine liebevolle Energie zerstören oder gänzlich auslöschen. Der Schaden ist einseitig. Andererseits kann Liebe machtvoll verändern und konstruktiv wirken.

> Macht, übergeordnet zur Liebe,
> ist immer destruktiv. Immer.

Und so ist es einfach zu erkennen, daß ein Verbot und eine Begrenzung (durch ein Ego und aufgrund eines Machtbedürfnisses gesteuert) total destruktive Folgen für eine Liebesbeziehung haben. Aus dem abgeleitet, ist es logisch und klar: Zwei Liebende haben ihre Grenzen und ihre intimen Lebensbereiche von einander transparent offengelegt – aber es gibt ihnen kein Recht und keine Legitimation, sich nach Belieben doch nicht daran zu halten.

Die Gemeinsamkeit beinhaltet somit Sperrbereiche. Diese Akzeptanz ist ein wertvoller Liebesbeweis und bestärkt die Gewissheit, daß man sich mit einem bewusst lebenden und reifen Menschen zusammengetan hat.

Gehet in Frieden und **übet euch in Toleranz und liebevoller Akzeptanz der Grenzen** ausserhalb eures Wirkungskreises.

Die Harmoniebedürftigkeit zweier Liebenden

24. März 2017

Das Sensorium eines jeden Menschen liegt in seinem Herzen.

Die alltäglichen Situationen führen zu Schwankungen in Geist und Seele, aber alles fliesst durch Herzströme und enden in körperlichen Befindlichkeiten oder Beschwerlichkeiten, die allgemein als Beschwerden empfunden werden. Die meisten Menschen verschwenden ihre Energien indem sie sich zu sehr auf die Befindlichkeiten des Verstandes / der Kopflastigkeit vertiefen und ihnen zu viel Gewicht und Aufmerksamkeit geben. Die meisten Menschen glauben daran, daß der Verstand / die Verstandeskraft die einzige Möglichkeit ist, ihr Leben im Griff zu haben und somit zu Erfolg und Annehmlichkeiten kommen können. Bereits als Kind lernt man, daß die Schulleistungen gut sein müssen, damit man später im Leben Erfolg hat und sich ohne finanzielle Sorgen durchs Leben bringt. Und jeder rennt somit dem Geld und dem Erfolg nach – bis man erkennt, daß da noch innerliche Bedürfnisse sind, die man sich nicht erkaufen oder nicht auf der Schulbank erlernen kann. Die meisten Menschen machen diese Entdeckung bereits in jungen Jahren. Aber die Lehren der Liebe, die muss sich jeder selbst erhaschen und ergattern. Oft scheint es bloss zufällig, daß sich zwei Liebende treffen. Und dann hat man den Eindruck, daß man dem Ganzen ausgeliefert ist. Man meint und glaubt, daß einem das Schicksal den Menschen zuschiebt, der für einem gut ist. Und es geht nicht darum, ob er auch wirklich aus tiefstem Herzen liebt.

Die allermeisten checken zuerst die Begebenheiten der materiellen, geografischen und beruflichen Umstände ab. Wenn diese passen – allem voran mit dem Aussehen, der sexuellen Anziehung und der Vorstellungen von Geschmack und sprachlichem Ausdruck – dann erkennt man, daß es noch eine Herzkraft gibt.

> Die Herzkraft ist die stärkste
> Kraft auf Erden.
> Der Verstand ist im Vergleich dazu
> ein kleiner Motor, der wohl kaum
> einen Wagen ziehen könnte.

Die Herzkraft benötigt jedoch eine harmonische Umgebung. Innerhalb einer Liebesbeziehung benötigt die Herzkraft eine Situation voller stillen Momenten und kommunikativen Möglichkeiten. Die Herzkraft kann sich aufbauen, aber auch wieder zerstöret werden. Die Bedingungen für einen optimalen Fluss der Herzkraft besteht darin, daß man sie gefühlsmässig erkennt und sie gefühlsmässig akzeptiert.

Die Herzkraft sitzt im Zentrum einer Seele. Sie lässt den Verstand nur ab und wann beratend mitwirken, aber die Herzkraft weiss immer - was eigentlich ihr Ziel und ihre Stärke ist: Die Harmonie und die Zweisamkeit im Gleichfluss.

Die harmonische Zweisamkeit ist einer Kraftquelle gleichbedeutend. Eine, die nie versiegen kann – wenn man daran glaubt, wie erneuerbar diese Quelle ist. Die Menschen können in ihrer Liebe unendlich erneuerbare Situationen kreieren, in denen sie diese Situation erleben und sich so stärken können. Es ist allerdings nicht mehr üblich, daß sich die Menschen auf diese Kraft und auf diese Möglichkeit automatisch besinnen. Wie bereits erwähnt, glaubt die Gesellschaft vorwiegend daran, daß die materiellen Bedingungen wichtiger sind, als der Zustand und die Kraft einer Seele.

Das Seelenheil bringt jedoch – wenn es gesundet und gestärkt ist – auch materiellen Erfolg. Der berufliche Werdegang und die gesellschaftliche Entwicklung eines jeden Menschen kann zu seinem Besten gedeihen, wenn er im Lot ist und die Liebe in Harmonie.

Die Liebesfähigkeit ist gestärkt und gewachsen, sobald man mit der eigenen Seele vermehrt und täglich in bewusstem Kontakt und im Glauben daran ist, daß man die innere Stimme ebenso verstehen und ihr folgen kann, so wie die Gedanken aus dem Verstand fliessen.

Das Erlernte und das Gelehrte, das Erworbene und das Erahnte, das Gefühlte und das Gesehene, das Gehörte und das vermeintlich Geschehene – das alles führt zu einer Wahrheit. Diese Wahrheit ist jedoch am besten in der Herzkraft wahrzunehmen.
Anders gesagt:

> Alles, was im Leben, in einem Alltag und
> im Augenblick geschieht, ist durch die
> Herzkraft zu prüfen und zu bestärken.

> Die Liebe ohne Verstandeseinfluss,
> die Liebe ohne Bewertung von materiellem
> Denken und gesellschaftlichen Wertvor-
> stellungen – diese Liebe ist die
> harmonischste, die es gibt.

> Sie ist 1:1 die Liebe im Jetzt.
> Die pure Liebe ist immer in Harmonie.

Harmonische Liebe ausschliesslich im
Verstand angelegt, ist grundsätzlich
nicht möglich.

In diesem Sinne ist zu verstehen, daß das Herz-Zentrum eines jeden Menschen, der Kern von allem Ursprungs ist. Die Seele ist selbst ohne irdisches Dasein fähig, Liebe zu empfinden – also kann es nachvollziehbar sein, daß der Mensch ohne seinen Verstand zur Liebe befähigt ist.

Gehet in Frieden und **getraut euch, den Verstand aussen vorzulassen**, wenn ihr die Liebe in Harmonie erleben wollt.

Die Kunst des Liebens liegt nicht in der Befähigung edel zu denken oder besonders intelligent zu handeln. Die Kunst des Liebens besteht in der Kommunikation mit seiner Seele. Und diese wiederum hilft – in Verbundenheit zu anderen Seelen - sein Leben aufzubauen.

Liebesfähigkeit geht immer einher
mit Seelenverbindung.

Die Streitbarkeit zweier Liebenden

25. März 2020

Die Streitbarkeit zweier Liebenden hat mit der Qualität der Zugehörigkeit und der Verbindlichkeit zu tun. Die Zugehörigkeit ist das stärkste Band in einem Konflikt. Es reisst nicht sogleich, auch wenn Konflikte bestehen. Es kann durchaus eine belastende Ausdehnung oder sogar eine kurzfristige Zerreissprobe erfahren, aber die grundsätzliche Trennung des Liebesbandes ist nicht zu befürchten, wenn die Zugehörigkeit und die Verbindlichkeiten stimmen. Sollte dem nicht so sein, ist die Beziehung in Gefahr und die Zerreissprobe wird sehr schnell und effektiv in das ausufern, was das Wort beinhaltet: es reisst.

Die Trennung zweier Liebenden basiert auf dem Start einer Beziehung. D.h.: In den Anfängen sind oft die Krisenpotenziale zu erkennen. Wird sich ein Paar zu Beginn einer Kennenlernphase in vielem nicht einig, kann man nicht damit rechnen, daß sich dies grundlegend mit der Zeit bessern wird.

Die Konflikte bessern sich nicht dahingehend, weil man miteinander lernt, sondern die Verbesserung basiert auf der bestmöglichen Schwingung einer Seelenverbindung. Die Seelenverbindung kommuniziert an der Verstandesebene vorbei. Dies haben wir im vorhergehenden Kapitel der Herzqualität und der Kommunikation zwischen zweier Liebenden, die sich eben nicht nur mit dem Verstand leiten lassen sollen, sondern über die Seele und über das Herz führen lassen sollten – bereits erklärt.

Die Seelenschwingung ist das erste Indiz für die Fortsetzung und somit für die Art und Weise der weiteren Beziehung verantwortlich. Es geht insofern darum, daß der Streit und die Auseinandersetzung, schlussendlich ein Lernprozess ist. Das hat jedoch nichts mit Seelenschwingung zu tun. Diese kommuniziert und vermittelt höchstens die Versöhnung. Die Gefühlsebene ist daran beteiligt, wie stark sich der Verstand gegen eine Situation und deren bevorstehenden Aufgaben oder Anforderung auflehnt. Die Seele ist im Vergleich viel länger dazu bereit, den Konflikt auszuhalten und allenfalls auch mit Güte und Vergebung zu reagieren, als daß es das Ego und der Verstand tun.

Die Streitbarkeit zweier Liebenden hat sehr viel mit den Voraussetzungen zu tun, wie man sich gefühlsmässig gegenübersteht. Wir haben vorangehend bereits die verstrickende Gegensätzlichkeit von Liebe, Hass und Gleichgültigkeit aufgezeigt.

Die hasserfüllte Emotion ist in einem Streit schnell hervorgerufen und kann die Gemüter extrem erhitzen und Aussagen oder Handlungen im Affekt erzeugen. Diese scheinbar vordergründigen Aspekte eines Streites, nämlich die Lautstärke und die Wortgewalt, Aussagekraft und Handlungen, besagen jedoch nichts darüber aus, wie es um die Zugehörigkeit und um die Verbindlichkeit steht.

Die meisten Paare versöhnen sich sehr schnell wieder, indem sie sich berühren und auch sexuell-körperlich versuchen, sich wieder näher zu kommen. Die Annäherung auf Verstandesebene wird zuerst eingeleitet, danach bestätigen sich die Körper quasi als eine Besiegelung des Konfliktes. ABER: Die Seelen haben es bereits um einiges früher getan.

> Die Seele ist dem Körper und dem
> Verstand um einiges voraus.

Von dem abgeleitet, soll man sich in einem Streit oder sogar in einem eskalierenden Streit sofort darauf besinnen, daß man sich selbst im Moment nicht allzu ernst nehmen soll. Und daß man nicht unbedingt alles selbst bestimmen soll. Sondern, daß man sich die die Chance offenhalten soll - für ein paar Sekunden oder Minuten, inne zu halten – um die Gelegenheit zu bekommen, in sich hinein zu spüren. Ohne Worte, ohne Gedanken. Und die ersten Impulse, die aufsteigen – das ist die Richtung, in die es gehen sollte.

Die Seele ist der beste Friedensstifter. Denn in der Seele steckt der innere Coach und "flüstert" einem zu, was es zu sagen gilt, um die Situation nicht zum Eskalieren zu bringen. Oder was es benötigt, um sich zu verteidigen, oder was es benötigt, um sich durchzusetzen, für ein wichtiges Anliegen oder um ein Missverständnis zu klären.

Streitet nicht – schweigt zuerst.

Gehet in Frieden und **übet euch in Schweigen**, sobald es darum geht, laute Auseinandersetzungen zu bewältigen.

Die Verbindlichkeit zweier Partner in unterschiedlichen Verhältnissen

26. März 2017

Das Geben und Nehmen in einer Liebesbeziehung ist ein grundsätzliches Thema, an dessen sich die Gemüter oft entzweien. Die Liebe lässt einem grundsätzlich grosszügig stimmen. Das Nehmen ist oft auch eine Frage des eigenen Charakters, der gegeben ist. Die Lernfähigkeit andererseits wird durch die Liebesfähigkeit gefördert und stimuliert. Wenn einem das Nehmen schwerfällt, kann man in der ersten Liebesphase lernen, sich aus Respekt dem anderen gegenüber im Nehmen zu üben – schliesslich will man den Geliebten / die Geliebte nicht vor den Kopf stossen.

Es kann gut sein, daß die Begegnung zweier Liebenden aus unterschiedlichen Verhältnissen rein darin besteht, daß man sich mit Nehmen und Geben auseinandersetzen muss - bzw. mit dem Gleichgewicht dieser beiden Verhaltensweisen. Der eine ist geübt und motiviert im Geben, weil er sich dann in der vermeintlichen Macht befindet und auch, weil es ein grösseres Ansehen hat, als sich unfähig zu fühlen / unfähig zu sein, jemanden beschenken zu können. Sei dies auf materiellen Verhältnissen begründet oder auf Umständen, die einem dazu zwingen, die psychischen Ressourcen für sich zurückzubehalten. Z.B. aus gesundheitlichen Gründen, die einem im Handeln einschränken.

Aber die spirituelle Gesetzmässigkeit beruht darauf, daß Geben und Nehmen grundsätzlich von jedem Erdenbürger gleichermaßen gelebt werden soll. Es geht vor allem darum, daß man die Wechselwirkung von Geben und Nehmen erkennt und erlernt. Gibt jemand aus ganzem Herzen sein Letztes, hat dies viel mehr Bedeutung, als wenn jemand im reichlichen Überfluss schenkt und erst noch erwähnt, daß er es sowieso nicht nötig hat und es auch weiterhin nicht benötigt.

Diese Abschätzigkeit im Schenken - das oberflächlich betrachtet und sogar noch als besonders grosszügig dargestellt wird – ist in der heutigen Überflussgesellschaft eine verbreitete Art. Die verborgene Respektlosigkeit ist oft nicht erkannt, schadet der beschenkten Person trotzdem.

Die respektlose Grosszügigkeit ist oft eine verkappte Komplexbehaftung, die vom grosszügigen Schenker gar nicht erkannt oder anerkannt ist. Die anhaftenden Komplexe werden oft durch materielles Verhalten / materielle Situationen kompensiert und es kann gut sein, daß sich zwei Liebende zusammenfinden, die in spiegelverkehrter Formation ihrer Mankos agieren.

Der eine hat sehr viel Selbstvertrauen, was die materiellen Bereiche anbelangt und der andere muss sie horten und sich dem Überfluss gewiss sein. Und der Nehmende ist der Meinung, daß er sowieso nie zum Überfluss kommen wird – mangels seiner fehlenden Fähigkeiten und mangels eines besseren, schicksalhaften Familienbandes – dies sind jedoch nur Glaubenssätze, die nicht der Wahrheit entsprechen, sondern bloss der inneren Haltung.

> Jeder kann sich im Aussen zu Überfluss
> führen, wenn er im Inneren die richtige
> Einstellung dazu findet.

Deshalb ist es eine grosse Chance, wenn sich zwei Liebende aus unterschiedlichen Verhältnissen treffen. Jeder kann vom anderen eine grundsätzliche Veränderung – eine Gesundung – seiner inneren Haltung erlangen.

Die Reflexion von Überfluss und Mangel kann eine gesunde Basis erzielen:

Der eine lernt, sich nicht respektlos oder überheblich im Geben zu üben, sondern in Demut und Dankbarkeit, in Fürsorge und im Bewusstsein, daß er auch einmal an einem anderen Ort gestanden hat. Oder er lernt, daß er von seinen Vorfahren reich beschenkt wurde und nun in einem anderen Bereich, in einem nicht materialisierten Wert, eine Leistung dafür zu erbringen hat. Jemanden vorbehaltslos zu unterstützen und dies ohne selbst kreierte Bedingungen und ohne Machtgehabe – das bedeutet lernen, woher die Kraft des Überflusses kommt.

Der andere Part muss sich in seinem verletzten Stolz rehabilitieren, gerade weil er ein Habenichts ist. Gerade weil er vielleicht aus desolaten, emotionaldesolaten Umständen mit familiärem Hintergrund kommt. Er ist sich gewohnt, im Kampf ums Überleben die "Ritterrüstung" zu seinem Schutz zu tragen und nichts wirklich an sich herankommen zu lassen. Er ist entschlossen, daß er keine Almosen erhalten will – weil dies ansonsten die hart erkämpfte Stärke und die Unverletzlichkeit erweichen lassen könnte.

Das Nehmen ist eine andere Form von Liebesfähigkeit. Denn man lässt sich auf etwas Neues ein, obwohl man offensichtlich oder verkappt Angst hat, erneut verletzt oder manipuliert zu werden. Man ist der Auffassung, der Gebende befindet sich in der stärkeren Position, weil der Nehmende seine Dankbarkeit zeigen muss – und dies wird als schwächere Position ausgelegt. Zusätzlich kann der Nehmende in Abhängigkeiten kommen und läuft in Gefahr, aufgrund Abhängigkeit folgsam sein zu müssen - und sich somit nach dem Gebenden zu richten hat.

Wer zahlt, befiehlt.

Wer gibt, der kann nicht abgelehnt werden.

Wer hilft, der wird geliebt ....

Diese Glaubensätze sind fälschlicherweise verbreitet und tief verankert.

Aber wie steht es mit dem Nehmenden?

Ist er automatisch in Abhängigkeit, sobald er etwas – das eigentlich in einer Liebesbeziehung von Herzen kommen sollte – angenommen hat?

Ist es nicht auch eine Form von Liebesfähigkeit, etwas annehmen zu können, ohne den Hintergedanken zu haben, der andere wolle einem damit bloss in Abhängigkeit bringen?

Ist es nicht auch eine Form von Liebesbeweis, wenn man – mit reinem Herzen – annehmen kann?

Dies ohne Angst und ohne Schuldgefühle?

Schuldgefühle sind oft ein Anzeichen von Unsicherheit, weil man es sich selbst nicht zumutet, reinen Herzens in einer Situation zu agieren. Es gilt somit, sich seiner eigenen Haltung dem anderen gegenüber gewahr zu sein. Liebt man der Liebe willen? Der Person willen und nicht, weil er viel hat und einem aus einer schwierigen Situation retten könnte?

Der "Sugar-Daddy" oder die "Übermutter" ist ein Begriff in der heutigen Gesellschaft. Aber es sind lediglich Begriffe, um das Ungleichgewicht aufzuzeigen. Zwei reife Personen, die sich in Augenhöhe treffen wollen, können durchaus unterschiedliche materielle Verhält-nisse haben oder auch unterschiedliche soziale Hintergründe. Ganz abgesehen von kulturellen Unterschieden. Denn die Seelen sind – wie bereits erklärt – immer auf Augenhöhe.

KEINE SEELE IST WERTVOLLER
ALS DIE ANDERE. KEINE.

Dieses spirituelle Gesetzt ist zu beachten und bedeutet den Kern aller Wahrheiten bezüglich der Gesetzmässigkeit von Liebe. Die Liebe basiert immer auf einer ebenbürtigen Ausgangslage. Jeder Mensch - jede Seele - hat denselben Anspruch darauf, geliebt zu werden und Liebe geben zu dürfen.

Anders gesagt: Das Ungleichgewicht zweier Liebenden bezüglich ihrer Lebenssituation ist ein weltliches Problem. Auf der spirituellen Eben gibt es nur Gleichberechtigung und ausgeglichenen Wohlstand.

Es ist jedoch schon so, daß der Mensch ein irdisches Leben durchlaufen muss und die Seele ihn belgeitet. Der Geist und Körper müssen die irdischen Bedingungen ebenso durchlaufen und meistern. Diese sind oft unausgeglichen und sogar ungerecht. Dies ist zu akzeptieren und mit Mut anzugehen. Aber im Wissen, daß es auf Seelenebene sein Recht ist, ebenfalls in Wohlstand, in innerem und äusserem Reichtum und im Überfluss zu leben, kann er sich im Nehmen gänzlich anders verhalten. Er wird sich nicht mehr durch Schuldgefühle in Abhängigkeiten manövrieren lassen.

Andererseits wird es dem gebenden Menschen – in diesem vorgenannten Wissen – dazu auffordern, anders zu geben. Und er wird dafür die Bestätigung erhalten, im Gleichgewicht und in Demut die Dankbarkeit des Beschenkten zu erfahren. Das Sinnhafte daran, diese Sinnhaftigkeit, ist ein weiterer Reichtum, der in sein Leben treten wird.

Gehet in Frieden und **beschenkt euch gegenseitig** mit Dankbarkeit, Respekt und Sinnhaftigkeit.

Die Verbindlichkeiten zweier verletzten Seelen

16. April 2017

Die ungestüme Art einer ersten Liebe besiegelt immer die Basis aller Konflikte. Es geht darum, daß sich in der ersten Phase einer leidenschaftlichen Liebe oder auch in einer sehr zärtlichen Liebe, die auf sexueller Anziehungskraft basiert, immer die ernsthaften Konflikte verstecken. Sie sind kaschiert und sind nicht während des ersten Kennen-Lernens zu ersehen. Man ertappt sich vielmehr damit, daß man sie aufblitzen sieht, man ab und wann aufhorcht über ein Wort, einen Satz, einen Tonfall, man sich aber dann schnell wieder auf das Positive, auf das so ersehnte Glück konzentriert. Das ist auch gut so, denn man soll sich am Honig stärken, bevor man den langen Marsch antreten muss.

Die exzessiven und leidenschaftlichen Beziehungen basieren auf einem Manko aus der Vergangenheit. Das Manko ist wie ein Loch, das sich in einem Vakuum schnellstmöglich füllen will. Wie im Sog eines Vakuums; so muss man es sich vorstellen. Das Tempo kommt daher, weil man sich so sehr sehnt, endlich die Liebe anzutreffen und sie endlich auszuleben. Die Liebe, die man sich schon seit Jahren oder seit jeher gewünscht hat. Und nun steht sie wie eine "Fata

Morgana" vor einem und man muss triebhaft und schnellstmöglich herausfinden, ob es bloß eine Wunschvorstellung oder eine Tatsache ist. Man traut sich eigentlich selbst nicht und der Zeitfaktor - das Tempo - soll einem darin Klarheit verschaffen. Und dann kommen die Verzauberung und die Betäubung aller Sinne hinzu. Das ist auch gut so. Es soll die Belohnung allen Schmerzes sein, der die vorhergehenden Jahre des Verzichts vorangegangen ist. Aber es soll auch bedacht werden, daß diese Zeit einmal versiegt. Und es muss dennoch hingeschaut und hingehört werden. Das ist so, weil der Seelenplan dennoch geschrieben und besiegelt ist.

Der Seelenplan eines jeden Menschen ist als Skizze vorgegeben. Es steht jeder Seele frei, in welchem Tempo und in welcher Kombination sie die Lehrgänge durchläuft und welche Lektionen bleibend als Fortschritt, als gesteigerte Entwicklung durchlaufen wird oder eben nicht. Es geht nicht darum, daß man erst weiterkommt, wenn alle Hausaufgaben durchlaufen sind. Es geht darum, daß man im anstehend irdischen Leben die Wahl hat, sich zu kreieren. Es geht nicht um Scheitern und um Gelingen. Es geht um das Kreieren.

> Und die Verbindlichkeit ist immer
> ein Bündnis mit der Zeit.

Die Verbindlichkeit ist der Garant dafür, daß man bereit ist, eine Lehre in einem gewissen Lebensbereich anzutreten. Es ist ein Garant dafür, daß man sich auf eine gewisse Zeitspanne mit dem Leben zu einem bestimmten Thema auseinandersetzt und nicht gleich wieder entfliehen kann oder sich mit etwas anderem ablenken will.

Es gibt schon auch Lektionen im Leben, die genau durch die Ablehnung einer Sache oder durch eine Situation sowie durch die Anwesenheit eines Menschen erst dadurch Erfolg versprechend sind. Erfolgreich im Sinne von: Etwas gelernt zu haben, weil man *es* eben (in der Wiederholung) nicht mehr benötigt.

Aber jetzt ist die Rede von etwas anderem. Es geht um die Verbindlichkeit zweier Seelen, zweier Menschen, die in diesem Leben entschieden haben, sich den Themen und den Konflikten und den besonderen Ereignissen – die nur sie beide in dieser Konstellation miteinander erfahren können - stellen.

> Es geht um den Plan in diesem Bereich
> zu erfüllen, in dem das Thema gesetzt ist.
> Alles andere ist Kreation und vollkommen
> offen.

Das ist zu beachten, sobald man sich in einer Situation gefangen fühlt. Das Leiden eines jeden Menschen ist auch ein Stück weit eine selbstgemachte Kreation. Man kann sich oft viel schneller vom Leiden befreien, wenn man in Gefahr ist, weil man nicht *muss*, sondern *kann* bzw. man ist froh, daß es überhaupt gelingt. Denn der freie Wille jedes Menschen ist gegeben und deshalb könnte man aus dem Leben ausscheiden. Das ist die extremste Form von Kreation, sie ist aber nicht göttlich – in diesem Sinne nicht der Natur entsprechend. Vielmehr ist dies eine Form von Zwiespalt und von einer Kraft besiedelt, die dem göttlichen Universum unterlegen ist. Aber dennoch ist es möglich, daß man sich aus dem Kraftfeld des göttlichen Universums so weit entfernt hat, daß man auch die "Unterwelt besteigen" will und sich in diese Energien begibt. Selbst dies ist eine Form von lehrreicher Entwicklung für ein Seelenheil. Aber es ist nicht die gradlinige Entwicklungsstufe, die dem göttlichen Seelenplan entspricht. Dennoch: Auch dies ist eine Form von Kreation. Dies sei als Beispiel aufgezeigt.

Es geht darum, daß man sich im Vertrauen darauf beruht, – IMMER – im Moment zu entscheiden, zu was man sich befähigt fühlt. Darf man sich der Versuchung hingeben, aufzugeben, sich treiben zu lassen, dem Dunkel lieber zu folgen, als dem hellen Licht des göttlichen Universums? Jeder spürt es, ob er es sich eingesteht oder eben nicht. Jeder weiß es im Grunde, wohin sein Weg führt. Es ist eine Frage von Bereitschaft, sich der Kreation des Lebens hinzugeben.

Falls die Kraft zur Hingabe fehlt, wird das Dunkle überhandnehmen. Es ist jedoch immer schwächer als das göttliche Licht. Immer. Dies sei zu vergegenwärtigen und dann weiß jeder Erdenbürger, jede Seele, daß er in der Not und im seelischen oder auch im leiblichen Verderben erneut den Entscheid fällen kann, sich dem Hellen und somit dem göttlichen Licht zuzuwenden.

> Es ist nie zu spät, sich für das Überleben
> zu entscheiden.

Und so soll man sich vergegenwärtigen, daß wenn sich zwei Seelen, zwei Menschen begegnen, die mit der Zeit ein Leiden verspüren, weil sie sich gegenseitig quälen - sei es in leidenschaftlicher Eifersucht oder in mangelndem Verständnis, Überempfindlichkeit oder sogar in Aggression und negativem Denken – dann geht es immer darum, daß man sich dem Lichtvollen zuwenden soll.

Es geht darum, daß man ins Vertrauen geht und sich – der Liebe und sich selbst zu liebe – zuerst dem

Vertrauen hingibt und dem guten Willen darüber, daß alles schon auf eine Weise zu bewerkstelligen ist.

Es geht um den Willen zur Hingabe. Es geht darum, daß beide die einengenden Ängste transformieren können - in Vertrauen.

Und dann kann die Liebe greifen. Dann kann die Leidenschaft wieder in kraftvolle Zärtlichkeit umgewandelt werden und das Leiden hat ein Ende. Der Verzicht bzw. die Sucht wird besiegt. Die Liebe ist wertvoller und nachhaltiger, wenn sie frei von Leidenschaften ist und sich dafür in Angst-freier und lichtvoller Energie weiterentwickeln kann.

Es geht immer darum, daß sich ein Liebespaar auch als zwei Einzelpersonen sieht und die Eigenverantwortung walten lässt. Jeder ist für sich selbst verantwortlich, sein Seelenheil immer wieder zu belichten und im Vertrauen und im Ansinnen zu bleiben, um ein guter und redlicher Mensch zu sein.

Die Verantwortung an den Partner / an die Partnerin abzugeben, im Sinne von: *„Mache mich glücklich!"*, entspricht nicht den spirituellen Gesetzen und wird über kurz oder lang immer scheitern.

Dennoch gilt es zu unterscheiden: Zwei leidende Menschen können sich sehr wohl helfen, weil sie sich die Erinnerungen und die seelischen Wunden gegenseitig pflegen können. Nämlich mit ihrer Liebe und mit ihrer tatkräftigen Hilfe im Alltag. Aber damit die Kraft in ihre Herzen strömt – um dies alles tun zu können – DAFÜR sind sie SELBST verantwortlich.

Gehet in Frieden und **übet euch in Eigenverantwortung,** um daß ihr als Paar glücklich und stark werdet.

Die Verbindlichkeiten zweier Familien
aus unterschiedlichen Kulturen

28. April 2017

Der Ursprung aller Liebe rührt aus dem göttlichen
Universum. Die irdische Manifestation durch die
Erdenbürger hat eine Kulturgemeinschaft herange-
zogen. Die irdische Liebe ist mit dem göttlichen Lie-
besgesetz und der universellen Liebe nicht zu verwechseln. Die Herkunft allen Seins ist aus dem göttlichen Universum zu erkennen: Die Erdenbürger haben
sich während Jahrtausenden – während Millionen von
Jahren - in ihrer Evolution zusammen-gefunden. Sie
haben sich von Generation zu Generation entwickelt;
dies in einem Tempo und in einer Lebensform, die uns
in der heutigen Vorstellung kaum vorstellbar ist. Die
Keime sind zu Lebewesen entstanden und dies ist
durchaus in ihrer Berechtigung nachvollziehbar. Die
Wissenschaft hat gute und fundierte Erkenntnisse
geliefert und die Evolution ist ein wahrer Bestandteil
der Planeten- und Menschengeschichte.

Trotzdem: Die Liebe als Energie ist nicht der Evolution entstanden. Die Körper, die Materialisation der
irdischen Gestalten musste auf diesem Weg kreiert
werden. Aber die Liebesenergie jedes einzelnen Lebe-
wesens ist auf einem gänzlich anderen Weg mit der

magischen Erklärung aus dem göttlichen Universum entstanden. Sie IST entstanden. Sie IST einfach an die Lebewesen übergegangen. So, wie die Stromzufuhr in ein Gerät gelangt. Sie fliesst wie Energie und erweckt Leben und Bewegung, Gefühl und Reaktion. Man könnte profan sagen:

> Liebe aus dem göttlichen Universum
> ist der Lebensstrom.

Es geht nun darum, daß sich Millionen von Menschen aus unterschiedlichen Kulturen vereint haben und sie sich dadurch auch voneinander unterscheiden und entfremden: Der Fremde ist ein Mensch wie der Andere und zugleich ist der Andere ein Fremder. Das ewige Spiel von Krieg und Frieden. Es hört wohl nie auf. Die Grenzen und die Integrationen, die Abweisungen und die Integrationen.

Die Liebe ist ohne Grenzen entstanden, aber in der irdischen Welt stösst sie immer wieder an Grenzen. Die Familienzugehörigkeit zweier Liebenden ist ebenfalls ein Bestandteil ihrer Aufgabe, sich ein Leben lang gut zu verstehen. Die Familienzugehörigkeit legt ihre Grundlage wie Wurzeln für einen Baum.

Die Kulturen einer Familie stammen oftmals nicht mehr aus ein und derselben Zugehörigkeit, was in der

Zeit von Globalisierung an der Tagesordnung ist. Die Kulturen vermischen sich vermehrt und entsprechend auch die Energien. Die Liebesfähigkeit sollte jedoch grundsätzlich auf dem Wissen und dem Bewusstsein basieren, daß wir alle aus dem göttlichen Universum mit Liebe versehrt und genährt sind. Wir alle haben gelernt, was Liebe sein sollte, wie sie sich anfühlt und wie sie weitergegeben wird.

> Es soll nicht Bestandteil einer Kultur oder
> diverser Gesetze überlassen sein, wie
> sich die Liebe transportiert.

> Die Liebe ist ein Erden-Gut.
> Die Liebe ist für alle Menschen
> dieselbe Kraft – unabhängig davon,
> in welcher Kultur sie gelebt wird.

Die Familienoberhäupter, die obersten einer Ahnengruppe, hatten oft noch das Ansinnen, daß sie sich den Gesetzen und den Regeln einer Kultur unter-ziehen müssen. Schmerz und Trauer, Verzicht und Opferdarbietungen - vor allem auf Kosten der Schwächeren, d.h. von Frauen und Kindern, war die Folge.

Heute gilt es zu anerkennen: Die (durchmischten) Kulturen sind sich nicht mehr ihrer wahren Herkunft bewusst genug, so daß sie kein Recht haben, ihre

Regeln grenzüberschreitend zu zelebrieren und auf ihre Regeln und Traditionen zu pochen. Es gilt im Zweifelsfalle die göttliche Liebe – gleichbedeutend mit: die universelle Liebe – zu praktizieren. Diese Regel gilt immer. Dieser Regel kann man immer folgen.

Es ist selbsterklärend, wie man liebt, wenn man sich der "göttlichen Liebe" hingibt:

Sie ist rein und redlich.
Sie ist ehrlich und liebevoll.
Sie ist hell und freudvoll.
Sie ist klar in ihrem Ausdruck und
sie ist alles andere als verletzend
und zurückweisend.

Es wird nicht ausgegrenzt und
es wird nicht verdammt.
Es wird nicht vorverurteilt und
es wird nicht bevorzugt, aufgrund
materieller Gedanken.

Alles gilt es zu beachten – gerade, weil
Kulturen sich durch die Verschmelzung
von Ländern und Grenzen durchmischen.

Es gilt die Synthese von allem zu
anerkennen:

LIEBE ZUM MITMENSCHEN.

Das ist alles.

An alle Familien-Oberhäupter – die es nur vermeintlich sind:

Die Zeit der Hierarchien ist vorbei.

Es ist ein Zeitalter der "kausalen Gelichberechtigung"
angesagt. Nicht im Sinne von Emanzipation, sondern
im Sinne von allgemeiner Liebesfähigkeit:

Jeder ist fähig zu lieben.
Niemand muss und darf
bevormundet werden.

Jeder liebt den Anderen, wie er kann
und es in sich als wahrhaftig verspürt.

Es darf keine Bevormundung mehr
stattfinden.

Es gibt Gesetze der Liebe und
es gibt Gesetze der irdischen Welt.

Die göttliche Liebe sieht vor,
daß jeder mündig ist.
Vorbei sind die traditionellen Vorgaben.
Vorbei sind die traditionellen
Fremdbestimmungen im Namen
einer Gottheit.
Das Universum ist erdumspannend.
Die Liebe ist universell.
Die Liebe ist göttlich.

Die Genügsamkeit als Tugend

9. Mai 2017

Die Frömmlerei und die allgemeine Verbreitung, daß Tugend religiöse Göttlichkeit ist, kann nur dementiert werden. Die Menschheit hat kulturelle Diskrepanzen zu überwinden und innerhalb dieser unterschiedlichen Handhabung von Moral und Gesetzmässigkeiten innerhalb einer Gesellschaft (z.B. Unterschiede zwischen Mann und Frau, etc.) ist zu beachten, daß die Tugend einem spirituellen Gesetz unterliegt:

Der Liebe zur Ehrlichkeit.

Wenn man dies einhält, nennt man es Tugend. Sie verkörpert die Ehrlichkeit als logische Folge des Ansinnens, ein guter Mensch sein zu wollen. Gut, im Sinne von: Niemandem Schaden zufügen und nicht über seine Verhältnisse zu leben, nicht den Anschein erwecken, man wäre mehr, um daraus profitieren zu können; sei dies in materieller Hinsicht oder auch bezüglich Status bzw. Ansehen in der Gesellschaft.

Die Tugend ist ein altes Prinzip, das in der allgemeinen Verständlichkeit als "Sahnehäubchen" des guten Be-nehmens gegolten hat. Diese Haltung ist jedoch falsch. Im Gegenteil: Die Tugend ist eine tragende

Basis von vielem. Die Basis von Ehrlichkeit IST die Tugend. So muss man es betrachten; als Basis.

Zudem: Die Tugend ist mit Bescheidenheit gepaart. Mit ehrlicher Bescheidenheit führt man zum Beispiel ein Volk in gemässigtes Verhalten. Führende Persönlichkeiten müssen die Tugend in sich tragen. Sie müssen gemässigt und in einer Form von Liebe weitsichtig führen. Sie müssen für ein grösseres Wohl – und doch auch von ihrer Warte aus – die Visionen umsetzen können. Die Tugend ist aber auch eine Stärke, die mit viel Sensibilität eingesetzt wird.

Es gibt sehr differenzierte Situationen, in der die Tugend angewendet werden muss. Aber sie beinhaltet IMMER eine Form von Bescheidenheit. Die Genügsamkeit ist eine spezielle Form von Bescheidenheit. Sie ist in der Liebe ebenfalls ein wichtiger Stützpfeiler. Immer dann, wenn man sich in der Liebe verleitet fühlt, auf jemanden Groll oder aus Ängstlichkeit in destruktive Muster zu verfallen, oder dem Anderen Vorwürfe zu machen. Immer dann ist die Genügsamkeit ein schnelles und beständiges Gegenmittel, um im Herzen wieder Frieden finden zu können. Die Genügsamkeit ist eine Form von Bescheidenheit, die dennoch einen klaren Maßstab an Ansprüchen gesetzt hat. Man weiss – wenn man genügsam ist – genau, was einem eigentlich angemessen zur Verfügung stehen sollte oder was man – gemäss seinen eigenen Leistungen und Begabungen – zugute hätte. Aber um des Ganzen willens steht man zurück und begnügt sich vorerst mit dem, was der Sache dient, was zu Gunsten der anderen Person dient – die ev. derzeit in einer misslichen Lage ist. Die Genügsamkeit hat es im Worte inne: Vorerst muss genügen, was zur Verfügung steht.

Und wenn eine Person diese Genügsamkeit in einer Würde und im verinnerlichten Wissen lebt, ist immer auch eine liebevolle Haltung darin. Würde und Liebe sind vereint. In der würdevollen Haltung, genügsam zu sein, damit die Situation gut gemeistert wird und zu einem späteren Zeitpunkt wieder fruchtbarer fortgeführt werden kann - DAS ist eine Tugend. Und die Weitsicht und die autoritäre Haltung, aus der inneren Stärke heraus diese Einsicht zu praktizieren – das beinhaltet beides.

> Die Genügsamkeit ist eine Stärke und
> belohnt jeden, der den Mut hat, in
> Würde auf etwas für eine gewisse Zeit
> zu verzichten.

Würde und Liebe sind die besten
Begleiter in der Not.

Dies ist die Essenz aus allem.

Gehet in Frieden und **übet die mutige Haltung,** den
Verzicht als Stärke zu sehen.

Die Scham und die Trauer überwinden zugunsten der Liebesfähigkeit

13. Mai 2017

Die Scham, die man in einer Situation empfindet, die aus Liebeskummer entstanden ist, kann dazu führen, daß man sich immer mehr in eine unglückliche Lage stösst. Die Scham ist eine quälende Energie, die sehr destruktiv ist und niemanden nützlich ist. Die Scham ist eine Form von negativer Haltung; sich selbst gegenüber. Deshalb gilt es detailliert die Zusammenhänge zu erklären:

Die Naivität einer jungen Liebe ist im Kern die Wahrheit, weil Liebe immer auch Unschuld beinhaltet. Die reine Liebe ist unschuldig in diesem Sinne, als daß man nur das Beste und das Gute anstrebt. Man geht davon aus, daß die geliebte Person, nur das Beste für einem will und man aus diesem erhebenden Gefühl, jemanden endlich getroffen zu haben, für den man dies hoffen und empfinden kann, sich getraut zu öffnen. Das Herz geht auf und die Liebe kann fließen. Dies ist ein so erhebender und beglückender Zustand, so daß man alles andere ausblendet. Jeder hat ein Ego, jeder hat seine Ängste und nicht jeder ist rein in seinem Charakter. Dies verbirgt die Gefahr, daß man sich unbehelligt in eine missliche Situation begibt, verletzt und benutzt wird oder sogar in Gefahr läuft, missbraucht zu werden.

Diese Situationen kennt jeder. Mit der zunehmenden Lebenserfahrung wappnet man sich auf diese Gefahren, aber es besteht auch die Gefahr, daß man vor lauter Vorsicht die Liebe verpasst. Man lässt sie zu wenig spontan in sein Herz fließen, weil der Verstand der Wächter von Gefahr und Missbrauch oder von Täuschung sein will.

Die Erfahrungen der Vergangenheit machen es mit zunehmendem Alter schwieriger, objektiv zu bleiben und sich auf Neues einzulassen. Aber es sei hier an alle Menschen appelliert, die noch gewillt sind, sich der Liebe zu stellen und ihre Liebe einem anderen Menschen zuteilwerden zu lassen:

Vergesst die Situationen von Schmerz und Trauer. Sieht nach vorne und lässt es immer wieder fließen, wenn die Herzenergie strömt. Es ist im Moment zu entscheiden, es ist im täglichen Geschehen zu entscheiden, ob ein anderer Mensch es wert ist, in sein Herz treten zu dürfen und seine Seele sich mit der eigenen verbinden soll. Es ist ein Herzentscheid; täglich, stündlich – und das hat gar nichts mit der Vergangenheit zu tun, denn es ist eine andere

Situation, es ist ein anderer Mensch und es ist eine andere Zeit auf gesellschaftlicher Ebene.

Es geht insofern nur darum, wie man sich im JETZT fühlt. Wie man sich im JETZT entscheidet. Das kann als Beispiel der Entscheid sein, ob man sich küssen lassen will, ob man jemanden küssen will. Oder diese Person in den Arm nehmen möchte, ihr schreiben oder mit ihr telefonieren. Elektronische Kommunikation z.B. hat ihre Tücken, aber dennoch ist es ein allumfassender Entscheid, wie man reagiert oder eben nicht reagieren will.

Der Moment ist das Kristall in der Liebe.

Der Moment macht es aus, ob man es mit der Person verspielt hat oder ob man sich ihr annähert.

Der Moment ist das Molekül einer Verbindung.

Der Moment ist die Basis für die Zukunft.

Dies sei zu verinnerlichen und dann weiss man auch, wie man besser mit Verlustangst und mit Trauer über schmerzliche Erlebnisse oder Verluste umgehen soll. Denn es ist immer eine Konsequenz daraus zu erkennen, wie man damals im Moment entschieden hat und es entsprechend das Resultat dieses Entscheides war. Aber es geht nicht um das Bedauern und um sich sogar noch selbst Vorwürfe zu machen. Denn in diesem Zusammenhang kommt die Regel der Selbstliebe zum Zug. Deshalb ist sie so wichtig. Die Selbstliebe ist wie das Sicherheitssystem für diesen Entscheid im Moment, die dann später die Zukunft beeinflussen und irgendwann mal die Vergangenheit ist, die einem schmerzlich beeinflussen kann – für den Moment, etc.

Wenn man sich diesem Kreislauf gewahr wird, erkennt man, daß

> der Moment in Selbstliebe empfindend,
> der Schlüssel zur Liebe mit einer anderen
> Person ist.

Das Glück liegt sozusagen jeden Moment, jeden Augenblick in sich selbst. Man ist getragen in der inneren Vertrautheit, getragen in der inneren Liebe, getragen im Verständnis, daß jeder nicht perfekt ist und man sich dies verzeiht – im Voraus und aufgrund der Liebe zum "göttlichen Funken" in uns – dann kann einem gar nicht viel passieren. Denn man ist sich im Voraus und im Nachhinein lieb genug, diese Situation in Würde und im Vertrauen zu durchlaufen.

Die Liebe zu sich selbst bedeutet als
Ganzes gesehen: Liebesfähigkeit.

Oder anders gesagt:

Liebt man sich nicht selbst genug,
ist man nicht fähig, jemand anderen
zu lieben.

Die Liebesfähigkeit IST Selbstliebe.

Und die Selbstliebe beinhaltet ebenso die Liebe zum
göttlichen Universum. Denn alles ist verbunden und
alles stärkt sich im Gleichgewicht.

Geht in Frieden und **lässt die Trauer über die Vergangenheit** und **die Trauer über die fehlende Per-
spektive in der Zukunft** schnell und leicht **mit der
Vision durchfluten, daß wir alle mit dem göttlichen
Universum verbunden sind** und diese Liebe jederzeit
einfließen lassen können – damit alle Blockaden und
alle verschwundene Hoffnung wieder aktiviert werden und die Liebe fliesst.

Liebe ist eine Energie,
die allgegenwärtig ist.

Man kann sie nicht erst in den Armen einer anderen Person empfangen. Sie ist abrufbar im Jetzt. Jeden Moment. Sei bereit und willig, sie zu empfangen. Dies ist der Beginn einer lebensverändernden Haltung.

Liebe im Moment. Liebe Dich. Liebe das Leben, so wie es ist. Im Moment. Alles ist genau richtig, selbst wenn es schwierig ist und es gilt, dies zu akzeptieren. Die schwierigen, schmerzlichen Situationen zwingen Menschen oft schockartig, eine neue Form von emotionalem Überleben zu erlernen. Es ist unerträglich, ohne Liebe zu leben. Manchmal lernt man es unter Druck und in Verzicht. Es steht jedem frei, diese Situation in positiver oder in dunkelster Weise seiner Existenz zu durchlaufen.

> Der göttliche Funken kann aktiviert
> oder erstickt werden.

Wir wollen der Menschheit keine Vorwürfe machen. Es ist in Liebe erwähnt:

Seid im Vertrauen, daß Probleme und Schwierigkeiten eine Form einer Lernmethode darstellen. Seid in der Gewissheit, daß jedes Lebewesen in seiner eigenen Befindlichkeit entscheiden kann und der freie Wille ein Werkzeug des irdischen Daseins ist. Es gilt nicht, jemanden zu verurteilen oder jemanden über den

Anderen zu stellen. Es geht darum, darauf hinzu-
weisen, daß die Liebe das Mittel für alle Probleme
wirkt. Die Liebe ist Stärkungsmittel und Betäubung
zugleich, wenn der Schmerz der irdischen Probleme
im Alltag drohen, einem zu zerstören oder zu belasten. Die Liebe ist für alle Menschen Medizin und
Hilfsmittel, um aus misslichen Situationen wieder zu
entkommen.

Gehet in Frieden und **verzeiht. Liebt euch selbst** und
lebt diese Haltung anderen in eurem Umfeld vor.
Dies ist der Beginn einer gesellschaftlichen Stärkung
und somit positiven Veränderung. **Diese Liebesfähigkeit als Kollektiv ist politisch wie gesellschaft-
lich ein Durchbruch** und wird die neue Generation in
eine andere Richtung führen.

Die Grenzen einer Liebe

14.Mai 2017

Die Unnahbarkeit ist ein Übel, das der Mensch immer wieder zu bezwingen hat. Wie sehr er sich nach Liebe sehnt, so sehr ängstigt er sich davor, unter der Verletzlichkeit zu leiden, die das sich öffnende Herz mit sich bringt. Die Unnahbarkeit ist jedoch ein Spiegel, der sich nicht gegen das Du, sondern gegen das Ich richtet. Wer sich als unnahbar gibt, der ist somit nicht vollumfänglich willens, zu lieben. Er hat die Regeln der Liebesgesetzmässigkeit nicht gänzlich verstanden oder traut sich nicht, sie zu leben.

Die Liebesfähigkeit ist erst gegeben, wenn man sich auch getraut, sein Herz offen zu legen und so jemanden Einblick über sich selbst zu geben. Ein Mensch, der sich unnahbar verhält, getraut sich nicht, jemanden ohne Angst zu sagen, daß er ihn liebt – egal, wie das für den Anderen aussieht oder es empfindet. Liebesfähigkeit beinhaltet ebenso die Fähigkeit, allenfalls Rückweisung oder sogar Ablehnung zu verkraften. Denn was restlich zurückbleibt, ist die Selbstliebe. Wir haben schon mehrmals davon gesprochen und weisen erneut darauf hin, als direktes Beispiel in diesem Zusammenhang: die Selbstliebe ist die Basis der Liebe zum Du.

Die Unnahbarkeit ist so betrachtet
ein Mangel an Selbstliebe.

Denn, würde man sich vermehrt in der Selbstliebe
verankert fühlen, so daß man immer in einer Form von
Liebe lebt - sei dies zu sich selbst und durch den
göttlichen Funken in sich und somit zum göttlichen
Universum – wäre man nicht versucht, sich als
unnahbar zu zeigen. Dieser Schutzmechanismus ist
aus dieser Sicht eine absolute Schwäche.

Aber der Mensch hat auch noch einen anderen Mecha-
nismus: Der Selbstschutz, der natürlich wichtig ist und
ebenso einer Gesetzmässigkeit unterliegt, wie andere
spirituelle Gesetze. Der Mensch soll sich selbst
beschützten – was auch ein Teil von Selbstliebe ist. Er
soll auf keinen Fall mutwillig seelischen und körperlichen Schaden erlangen. Der Selbstmord zum Beispiel
wird durch die natürliche Angst verhindert. Diese
Angst vor dem Tod ist wie ein Filter, der sich zwischen
Selbstzerstörung und Ego stellt. Diese Angst ist ein
verlässlicher Begleiter, falls der Körper in Gefahr, läuft
Schaden zu nehmen.

Wir haben aber im Beispiel von Unnahbarkeit und der
darin verborgenen Angst eine andere Situation vor-
liegen. Diese Kombination (Liebe und Unnahbarkeit)
belastet das Liebesleben eines Menschen sehr oder

kann es sogar verhindern. Es gilt diesen Unterschied zu erkennen. Sobald man darunter leidet, wenn die andere Person, die man eigentlich sehr liebt und sogar begehrt, sich nicht so verhält, wie man es sich wünscht. Oder wenn man selbst erkennt, daß man sich aufgrund Angst verschliesst, aber dennoch den Wunsch nach Nähe und vertrauterem Umgang hätte.

Unnahbarkeit ist kein Selbstschutz.

Die Liebesfähigkeit ist eine bestärkende Form von Selbstschutz und nur eine Möglichkeit von vielen, sich mit dem Leben und der Liebe auf hohem Niveau und im inneren Frieden auseinanderzusetzen.

Die andere Möglichkeit ist, sich in der Mitte aufzuhalten, sich mehrheitlich bedienen zu lassen und sich ohne viele Gedanken durchs Leben zu schleusen. Dies ist die abgeschwächte Form von Unnahbarkeit. Diese Form ist legitim und kann niemandem übelgenommen werden, solange sie niemanden verletzt.

Die Erwartungshaltung ist jedoch ebenfalls eine sabotierende Energie für die Fülle einer Liebesbeziehung. Die Erwartungshaltung macht passiv und zieht nur Menschen an, die sich im Geben sicherer fühlen, als im Nehmen. Aber das Nehmen ist ebenso bedeutend und wichtig, wie das Geben. Diese Beziehungen laufen mit den Jahren in Gefahr zu verflachen und riesige Hypotheken aufzustocken. Weil der Gebende irgendwann erwachen könnte und die Saldierung seiner Konten verlangen will. Ihm wird bewusst, daß er jahrelang gegeben hat und nun sich ausgelaugt und zu wenig beachtet fühlt. Dies ist natürlich ungerecht demjenigen gegenüber, der sich jahrelang in der Sicherheit gewähnt hat, daß dies absolut gegeben ist und in der Natur des Anderen steht und er sozusagen der richtige Partner, die richtige Partnerin für seinen Liebespart ist. Und nun sollen plötzlich die Regeln ohne Ankündigung, ohne Chance auf adäquate Veränderung stattfinden.

Die zögerliche Abwendung ist vorprogrammiert. Und die Unnahbarkeit hat sich erneut zwischen die Herzen der Liebenden geschoben.

> Die Unnahbarkeit ist immer dann im
> Spiel, wenn die Angst gestiegen ist,
> aber das Vertrauen verloren geht.

Die Gerechtigkeit wird in Frage gestellt und die alten Vorlieben sowieso. Wie konnte es kommen, daß plötzlich die Vertrautheit weicht und die Missgunst und die reservierte Distanz Raum findet? Wie kann es kommen, daß aus dem vertrauten Sprudeln einer Quelle, die täglich zur Verfügung stand, nun plötzlich alles rationiert wird und kleinlich mit dem Maßbecher abgefüllt? Wieso wird einem plötzlich für etwas eine Rechnung gestellt, was früher als frei und doch unbezahlbar kostbar definiert wurde?

Hier stossen Verständnis und schmerzliches Empfinden an Grenzen. Wenn man aus dieser Situation einen geliebten Menschen verliert, weil er sich abwendet und weil die Regeln von einem Tag auf den anderen – oder schleichend – geändert wurden, dann ist die Unnahbarkeit eine Art Betäubungsmittel für den entstandenen Schmerz. Aber dieses Hilfsmittel währt nicht für lange und dann benötigt man wie bei einem Suchtmittel immer höhere Dosierungen. Und schlussendlich ist keine Reaktion mehr wirksam. Was bleibt ist der Schmerz, nicht mehr in der Liebe zu stehen und daß man sie nicht mehr im Gegenzug von Geben empfangen darf.

Um was geht es schlussendlich? Es geht darum, daß man sich getraut, die Unnahbarkeit nicht in sein Leben zu lassen. Es soll aufzeigen, daß man sich lieber getraut zu sprechen, sich getraut zu rechtfertigen oder sogar zu streiten. Oder, daß man sich getraut eine Beziehung abzubrechen, oder sich für einen definierten Zeitraum getraut zurückzuziehen. Dies alles ist möglich; aber man sollte sich niemals der Unnahbarkeit bedienen. Sie ist das stetig tief dosierte, aber tödliche Gift jeder

Beziehung. Sei dies in einer Anfangsphase einer Liebesbeziehung oder in einer bereits bestehenden gefestigten Beziehung.

> Die Grenzen einer Liebe beginnt
> mit der Unnahbarkeit.

Liebe, die keine Nähe zulässt, die das Vertrauen dazu nicht als Basis hat, ist wie eine Pflanze mit einem Pilzbefall. Es ist nur eine Frage der Zeit, bis die Wurzeln oder das Blattwerk abstirbt. Wehret in den Anfängen.

> Die Liebe und die Unnahbarkeit sollten
> keine Weggefährten sein.

Gehet in Frieden und **übet euch in der Suche nach Nähe**. Die Nähe ist das einzige Indiz dafür, daß der Mensch, den man sich wünscht als liebende Person in seinem Umfeld zu wissen – es wert ist, ihn zu lieben. Es ist der einzige Weg, um herauszufinden, ob man die der richtige Partner / die richtige Partnerin für diese andere Person ist, ob man die richtige Person für diese Begegnung ist. Nähe ist der einzige Weg, um herauszufinden, was die Wahrheit ist.

> Unzulänglichkeit und unnahbares
> Verhalten sind keine Weggefährten,
> wenn man den Herz-Pfad begehen will.

Die Verbindung zwischen Himmel und Erde im Herzen aller Mitmenschen

15. Mai 2017

Die Einigkeit zweier Liebenden wird einerseits verbal besiegelt und besprochen. Aber im Innersten weiss jeder, daß es keiner besonderen Worte benötigt, für das Wichtigste in ihrem Leben, um das Wichtigste in ihrem Liebesleben zu besiegeln. Die Einigkeit findet sich in den Herzen und in der Seele: Das Herz und die Seele sind eins. Die Seele ist verbunden mit dem irdischen Dasein, aber sie entspricht mehr der Verbindung zum göttlichen Universum. Dem "Himmel".

Die Verbindung zwischen "Himmel und Erde" ist eine symbolische Formulierung, entspricht aber tatsächlich den spirituellen Gesetzen, die dem Ur-Kern aller universellen Wahrheit entspricht.

> Die Verbindung zwischen Seele und
> dem göttlichen Universum
> IST das Menschendasein, das gelebt wird.

Denn: Ohne sich mit dem Seelenheil d.h. mit all den spirituellen Gesetzmässigkeiten und den beschützenden Maßnahmen – die dem Seelenheil und der Gesundheit dienlich sind – zu verbinden, kann sich der Mensch nicht förderlich entwickeln.

Die Verbindung und das Verständnis zur Erde beschützen unser Dasein, damit wir den Planeten Erde weiterhin nutzen, aber nicht im Sinne von Ausbeutung, sondern im Sinne von Einklang mit den spritrituellen Gesetzen, so daß auch dieser Kreislauf nicht aus dem Gleichgewicht kommt. Der Mensch ist somit das Zentrum eines immensen Zyklus, eines überdimensionalen Kreislaufes:

– Himmel – Erde – Herz des Menschen als Zentrum –

So könnte man es darstellen. Aber in Wirklichkeit sind dies unsichtbare Verbindungen immenser Kraftströme, die von niemandem erkannt werden können. Sie sind da, wie die Formeln von Ebbe und Flut, von Sonnenuntergang und Mondfinsternis, von Sonnen-Eruptionen und Kometenflug. Es sind die Gesetzmässigkeiten vom göttlichen Universum, das nichts mit den irdischen Gesetzen und nichts mit den Berechnungen der Sterne zu tun hat.

Die Verbundenheit zwischen Menschen
und dem göttlichen Universum entspricht
der Gesetzmässigkeit von Herzverbindung

– die schlussendlich das Zentrum einer
Seele im irdischen Leben bedeutet.

Das Herz eines jeden Menschen ist so gesehen die
"Kommandozentrale" – und man beachte: nicht der
Ver-stand. Die Menschen, die sich vor allem
verstandes-mässig orientieren sind in der Annahme,
daß sie alles berechnen und mit Geschick und Glück
einen starken Einfluss auf ihr Leben haben können. Sie
glauben an harte Arbeit und an kluges Vorgehen. Sie
glauben an Leistung und Erfolg, der unabdingbar
davon abhängt, wie man sich verhält in Bezug auf
Dienst-leistungen und intellektuellen Leistungen.
Aber keiner käme auf die Idee, daß es umgekehrt ist.
Nämlich, daß zuerst die Herzkraft entscheidet, wohin
der Weg führt und wie erfolgreich ein Mensch sein
Leben meistern kann oder nicht.

Die Seele bzw. das *Herz* ist weiser als der Verstand.
Dieser fällt immer ein Schritt hinten nach. Es kann
allerdings sein, daß er stärker manipulieren kann und
deshalb das Herz und die Seele überstimmt.

Er kann jedoch nicht nachhaltig dominieren, weil sein
Agieren, seine Impulse nicht der Wahrheit entsprechen. Sie basieren auf Erfahrungswerten des eigenen
Egos. Der Verstand kann seine Informationen lediglich aus dem Rechenzentrum seiner eigenen Logik ab-

holen. Er kann sich nur daran orientieren, was sein Ego in einem selbstbetrügerischen Bild hervorbringt. Der Verstand zeigt nur das auf, was er will. Die Wahrheit zeigt schonungslos auf, was Sache ist. Die Wahrheit entspringt immer auch der Liebe. Die Liebe ist schonungslos, weil sie schlussendlich immer in der Wahrheit agiert.

«Die Liebe geht durch die Wüste und dunkle Täler, wenn sie weiss, daß dahinter das gelobte Land liegt.»

Dies ist eine schwülstige Aufzeichnung, eine überzeichnete Darstellung, aber soll klar aufzeigen, um was es geht. Es geht darum, daß das Ego beschönigt und es hat oft Werte, die nicht nachhaltig sind. Gemeint ist: Nachhaltig im Sinne von "zu Gunsten aller Beteiligten". Heisst: Das Kollektiv ist immer zu berücksichtigen, wenn man sich mit der Wahrheit auseinandersetzen will.

Die Nachhaltigkeit in einer Liebesbeziehung IST Wahrheit. Es zeigt sich nämlich erst im Laufe der Zeit, was sich bewährt und was sich eher gegeneinander aufreibt oder gegenseitig bekämpft.

Die Seele weiss immer übergeordnet – aus dem göttlichen Universum informiert – was der ganzen Sache dienlich wäre.

Unglückliche Menschen haben somit einen Kampf zwischen ihrem Ego und dem "übergeordneten Selbst" – der Seele – auszutragen. Die Seele wüsste eigentlich, was der ganzen Situation – mit allen Beteiligten und allen Umständen, die zu berücksichtigen sind – zu tun wäre.

> Das **Herz** steht für die Seele und
> das Ego für die irdischen Wünsche.
>
> So gesehen ist es ein Kampf zwischen
> **Himmel** und **Erde**.

Das Konzept, sich mit "Himmel und Erde" zu verbinden, im Einklang mit dem Wohle zum Ganzen – das wäre somit das Erfolgsrezept für ein glückliches und zufriedenes Leben – und für ein harmonisches Liebesleben.

Die Verbindung zwischen diesen drei Elementen wäre der Frieden auf Erden …

Andererseits sind wir bestrebt, die Menschen darin anzuleiten, daß sie sich durch die Reibungen, durch die Spannungen und durch die Konflikte untereinander, sich wie in einer eigenen Lebensschule lernen weiterzuentwickeln. Das klingt profan, aber ist in Wirklichkeit die einzige Möglichkeit, sich mit der

Seelenarbeit auseinanderzusetzen. Dennoch gilt es zu beachten, daß die meisten Menschen vor allem ihrem Verstand und somit ihrem Ego Beachtung geben. Die Menschen, die sich als gefühlsbetont geben, werden schnell verurteilt und als Gefühlsdusel, als sentimental, oder als Fantast verurteilt.

Es ist schon so, daß es um ein Bestreben nach Gleichgewicht geht. Der Verstand hat eine wichtige Funktion und ist gegenüber der Seelenarbeit, der Herzkraft und der Verbindung zum göttlichen Universum nicht als niedrigeres oder zerstörerisches Element darzustellen. Nein. Der Verstand ist lediglich in einem anderen Verhältnis anzuwenden, als es die meisten tun. Der Verstand ist ein sehr wertvolles Werkzeug. Dies sei betont. Aber er darf nicht die Führung übernehmen. Er liegt – in einem Bild gesprochen – auf dem Operationstisch, wie alle anderen Werkzeuge, die zu einer lebensnotwendigen Operation benötigt werden.

Wir bitten um Verständnis für die zum Teil überzeichnete Darstellung, die wir jedoch als angemessen betrachten, um eine Kurzfassung in einer bildhaften Sprache zu vermitteln. Das Ganze ist sehr komplex und könnte mehr Verwirrung stiften, als Aufklärung.

Die Einfachheit liegt im Grunde darin, daß zu verstehen ist, wie das Sonnensystem, die Erde und die

Herzkraft (und somit das göttliche Universum) un-zertrennlich sind. Der Mensch ist mit allem verbunden und kann diese Gesetzmässigkeit nicht trennen.

Nicht einmal mit dem Verstand!

Güte, Freiheit und Seelenheil

9. Juni 2017

Das wertvollste Geschenk auf Erden ist Liebe. Sie setzt sich allerdings aus unterschiedlichen Komponenten zusammen. Die Menschen erleben sie als facettenreiche und vielfältige Variation von Lebensweisheit und von Schwingungen, die nicht alle gleich wahrnehmen können. Die Liebe wird jedoch immer als warm und stark beeinflussend empfunden. Sie wird als lebensverändernd und als lebenserhaltend geschätzt und entsprechend an hohem Stellenwert gemessen.

Die Liebe ist ein Werkzeug, um die Menschen zusammenzuhalten. Diese Verbindung ist das Band, das die ganze Welt zusammenhält. Das Band der Liebe ist die Vernetzung aller Seelen, ob sie sich in der irdischen Version hassen oder lieben, spielt keine Rolle. Die Liebe ist das Netz auf Erden. Tier und Mensch sind mit dieser Energie vernetzt. Alles was Leben erfüllt, ist mit Liebe gespeist. Dies sei nochmals als Basis für die weiteren Erklärungen erwähnt.

Die Eitelkeit eines jeden Menschen, ist aus seinem Ego heraus entwickelt und erkoren – sie ist das Übel vieler gescheiterten Liebesbeziehungen. Die Eitelkeit ist eine erweiterte Form von Egoismus und ist der Angst vor Verlust und der Angst vor Ablehnung zuzuordnen. Wie dies schon ausgeführt wurde, entspricht dies schlussendlich einem Mangel an Selbstliebe, der zu solchem Verhalten führt.

Die Selbstliebe ist das zentrale Thema für viele Problemlösungen. Die Selbstliebe steht am Anfang, um andere Menschen überhaupt lieben zu können.

Die Selbstliebe verfügt über einen Erfahrungswert, den man ständig abrufen kann. Aus diesem Verständnis heraus kann das Mitgefühl entstehen. Dieses Mitgefühl führt dazu, daß man dem Du bzw. dem Mitmenschen, alles nachvollziehend entgegenkommen kann. Man kann aus eigener Erfahrung nachvollziehen, wie es ihm geht, wie es ihm wohl zu Mute sein wird, etc.

Und weil man sich aus eigener Erfahrung vorstellen kann, wie mies und schrecklich es einem oft ergehen kann – und sich selbst das nicht antun möchte – kann man gar nicht anders, als es dem Anderen ersparen zu wollen. Oder zumindest möchte man es nicht verursachen, daß es ihm schlecht geht.

Aus dieser Erfahrung – in der Selbstliebe empfinden zu können – entsteht das Verhalten von Güte.

Güte ist schlicht gesagt
die weise Form von Selbstliebe.

Sie kann nur erlebt und weitergegeben werden, wenn man sich selbst genügend liebt.

Ein erzürnter Mensch kann nicht gütig sein, denn er ist so weit vom Empfinden entfernt, wie es einem ergehen kann, wenn man selbst unter einem Umstand leidet. Ebenso kann ein ängstlicher Mensch nicht in der Energie von Güte schwingen. Denn die Güte beinhaltet auch Mut. Man hat den Mut, jemandem zu trauen und ihm etwas zuzutrauen, obwohl es nicht sicher ist, ob dem so sei. Güte ist in hohem Maße von Vertrauen und (es sich) *zu*-trauen getragen.

Güte ist eine gereifte Liebe
zum Mitmenschen.

Daraus entstehen Freiheiten. Jedenfalls kann ein Mensch, der immer wieder in Güte handelt, sich in seinem Umfeld viel freier bewegen und verhält sich im Umgang mit anderen freier. Er kann sich sicher wähnen, daß man ihm keine Querelen in den Weg legt, keine Abrechnungen aus dem Hinterhalt startet, etc.

Ein gütiger Mensch sät goldene Samen.

So etwa kann man es in einem Bild beschreiben. Der gütige Mensch ist nicht berechnend. Er kann durchaus nein sagen und klare Meinungen von sich geben – gerade, weil er eben in seiner Mitte steht. Und dies in Selbstliebe. Deshalb weiss er, was er verantworten kann, wie handlungsfähig er ist und welche Verantwortung er im Stande ist zu übernehmen.

Die Güte ist so weise, so daß sie einem selbst und anderen die Freiheit schenkt, grosszügig zu sein. Es ist ein Leichtes zu erkennen, daß sich alle Beteiligten frei und beschwingt fühlen, sobald Grosszügigkeit mitschwingt.

Liebe, Freiheit und Halt (haben): Das sind die besten Voraussetzungen, um ein gesundes und bewusstes Leben führen zu können. Denn wer bewusst lebt, im Gesundheitsdenken verankert ist und sich zudem im psychohygienischen Bereich Überlegungen macht – der ist ein freier Mensch.

> Die Liebe, gepaart mit Grosszügigkeit
> und Freiheit, führt zum Seelenheil.

Und dies kann ganze Gruppierungen miteinbeziehen. Jeder gibt dieses Verhalten und diese Schwingung von Liebeskraft weiter.

Die Güte ist ein Elixier aus Selbstliebe.

Denkt daran und **übt euch in der Grosszügigkeit** und **habt den Mut, die Dinge im Vertrauen anzugehen**. Das Seelenheil ist das Ziel und die Belohnung vieler Mühen.

Die Freude und die verspielten Augenblicke geben jedem Menschen die Motivation, sich in Güte zu üben. Nehmt die Güte nicht bloss als frömmlerisches Anliegen. Nein, die Güte ist ein absolut irdisches und zweckdienliches Verhalten. Es führt nämlich zum Gelingen von echten und langanhaltenden Liebesbeziehungen, Freundschaften und intakten Familienstrukturen.

Die Güte ist ein Lebenselixier.
Sie ist wertvoll und zu geniessen
wie Seelenbalsam.

Die Menschheit steigt auf in eine andere Dimension von Glück und Verantwortung

6. Juli 2017

Die Verantwortung hat mehrere Schichten. Die Verantwortlichkeit ist die Basis von allem Glück. Sie hat wie eine Erdschicht Segmente und Zwischenräume. Sie ist Schicht für Schicht aufgebaut und kann auch wieder erodieren. Sie ist die Basis von allem Leben.

Denn: Die Lebensumstände sind im Wandel und die Verantwortlichkeit ist die "Leitplanke". Die Verantwortlichkeit für sich selbst und für andere zu übernehmen ist der Schlüssel zu jeder Situation, die gemeistert und vorangetrieben oder aufgehalten werden muss, damit Schadensbegrenzung möglich wird oder Schaden sogar gänzlich verhindert wird.

Die Verantwortlichkeit ist die Kurbel eines Prozesses. Man dreht das Tempo und man drosselt. Man beschleunigt und drosselt, weil man entweder nicht weit sieht oder weil man den Weg klar vor sich sieht. Die Verantwortlichkeit ist sozusagen der Indikator, ob man sich seines Weges gewahr ist oder ob man blindlings steuert.

Die Verantwortlichkeit ist
das Steuer am Herzen.

Man kann sich nun am Ende dieser vielen Erklärungen und Beschreibungen, Prognosen und Prophe-
zeiungen die Frage stellen, ob der Mensch sich eine
neue Dimension des Lebens in einem Universum von
unterschiedlichen Schwingungen vorstellen kann. Ob
es ausreichend ist zu wissen, daß es möglich ist, sich
im Geist den Horizont zu erweitern. Und ob die Seele
sich aufgrund Bewusstseinserweiterung schult und
sich mit anderen Menschen austauscht und sich
weiterbildet. Ob es ausreichend ist, sich mit dem göttlichen Universum zu verbinden – im Wissen, daß es
durchaus bloss eine Einstellungssache ist und nicht
Realität als solches ... – diese Fragezeichen der
"Ungläubigen" gilt es zu umschiffen und es gilt sich gewahr zu werden, daß die innere Welt auch die äussere
Welt darstellt.

Die innere Welt IST Realität.
Die innere Welt ist Seele,
Herz und Verstand.
Alles in einem.
Die innere Welt manifestiert sich im
Aussen.

Diese Regel muss sich die Menschheit vermehrt verinnerlichen und man wird sich viel mehr bewusst, daß man sehr viel Verantwortung trägt. Für sich selbst und täglich für sein Umfeld. So, wie der Stein ins Wasser geworfen wird und seine Wellen schlägt, und somit Bewegung ins Wasser-Volumen schlägt, so kann sich jeder vorstellen, welchen Beitrag er in seinem Umfeld, in seinen "Wasserbehälter", in seinen "Teich", in sein Meer" wirft und etwas damit bewirkt.

Jede Tat hat seine Auswirkungen. Auch jene, die man unterlässt. Und alles steht in seiner eigenen Verantwortung. Die Loslösung von Verantwortlichkeitsempfinden ist – eben: verantwortungslos. Das ist die Sünde auf Erden. Wenn man für seine Taten, für sein Denken und für sein Unterlassen keine Verantwortung übernimmt, ist dies nicht nur feige und faul, sondern tätlich. Denn jeder, der sich dem entsagt, benutzt das Erdendasein ohne eine Leistung, ohne einen Beitrag zu leisten. Er verweigert oder sabotiert das Gelingen an einem harmonischen Beisammensein zwischen Menschen und Tieren. Er verhindert das Wirken von Naturgesetzen und er verhindert das Zusammenspiel von Gegensätzlichkeit.

Die Verantwortung nicht wahrnehmen ist eine Form von Verweigerung. Und dies ist schlimmer, als sich polarisierend in sogenannt "negativer Energie" oder "böser Energie" zu verhalten. Die passive Verweigerung – nämlich keine Verantwortung für sein Handeln, Denken und für seine Haltung zu übernehmen, das entspricht einer Sabotage aller spirituellen Gesetze.

Dies bewirkt die Tatenlosigkeit dieser Welt. Dies bewirkt, daß Menschen zu Tausenden, zu Hunderttausenden – millionenweise - verhungern, im Elend durch die Lande ziehen, Flüchtlingsvölker, Naturkatastrophen ... wir alle wissen, was alles auf diesem Planeten vor sich geht, weil niemand die Verantwortung für das Leid und für das Elend vieler Nationen und Erdenteile übernehmen kann oder nicht wahrhaben will, daß es im Kollektiv sehr wohl alle angehen würde und jeder seinen Betrag – ob klein oder gross – vorantreiben sollte.

Das Bewusstsein für das Kollektiv beginnt bei jedem einzelnen im Verhältnis Mikro-Makro.
Im Mikro: die einzelnen Gedanken entstehen.
Und im Makro: sie werden hinausgetragen, damit *es* dann noch grösser und schliesslich landesweit, weltweit zum Tragen kommt.

Alles beginnt im Mikro.
D.h. im Innersten eines jeden Menschen.

Jeder Gedanke, jede Richtung, jede Regung ist ein Impuls, der im Aussen verwirklicht und umgesetzt werden könnte.

Dies sei hier sehr ausholend beschrieben, damit die Grundidee, das Zentrale an dieser Dimension, die wir der Menschheit darlegen möchten, zu erkennen ist:

Verweigerung von Verantwortung ist
eine Unterlassung von Hilfeleistung.

Die Verweigerung von Verantwortung ist
ein Übel, das sich in der eigenen Person und
schliesslich in der ganzen Umwelt und in
der ganzen Gesellschaft – unabhängig vom
Kulturkreis – manifestiert.

Deshalb: Befolgt die beschriebenen Verhaltensweisen in jedem einzelnen Lebensbereich. In jedem einzelnen Seelenanteil wird sich die Veränderung breitmachen und im Aussen manifestieren, wenn jeder für sich die Verantwortlichkeit wahrnimmt, an sich zu arbeiten, sich zu reflektieren, sich im Bewusstsein für diese neuen Betrachtungsweisen zu verändern und diese neuen Erkenntnisse in sich aufnimmt.

Dann wird sich eine riesige Dimension in Bewegung setzen und in eine andere Richtung schwingen. Die neue Dimension wird in diese neue Schwingung hineingezogen und die Menschheit – mit einem gänzlich anderen Bewusstsein – stellt sich den neuen Bedingungen, die global im Aussen stattfinden werden, ob wir uns angepasst haben oder nicht. Und so wird die Menschheit überleben können und somit das Fortbestehen der Welt mit ihren Bewohnern gewährleisten können.

Die Anpassung – nämlich in die Verantwortlichkeit zu gehen und diese Veränderungen vorzunehmen - wird schlussendlich als Glück empfunden.

Das Leid und die Völkerbekämpfungen, die zudem die Umwelt sehr belasten, kann vermindert und egalisiert werden.

Die Naturkatastrophen werden zurückgedämmt und die politischen und kulturellen Begegnungen werden sich wieder vermehrt in Einklang bringen.

Die Welt wird nach einer eklatanten Veränderung zum "glücklichen Planeten", wobei die Definition von Glück lediglich in menschlichem Denken existiert.

In der Dimension des göttlichen Universums ausgedrückt bedeutet es vielmehr:
Liebevolle Schwingung in zeitloser Harmonie.

Die Zeit und das Glück sind abhängig von
der Verantwortlichkeit jedes einzelnen
Erdenbürgers – im Moment. Im Jetzt.

Handle im Jetzt und erinnere dich an die
Vergangenheit – um die Zukunft positiv
zu schützen und zu prägen.

Seid im Frieden und **in der Liebe des göttlichen
Universums. Der Friede ist Teil davon**.

**"Die Stunde der Wahrheit"
hat keine Bedeutung.**

**Die Wahrheit liegt in
jedem einzelnen Augenblick.**